**厚大法考**

**2025 年国家法律职业资格考试**

万能金句·设问角度·三位一体

# 理论法

采分有料

主观题

白 斌 ◎ 编著 ｜ 厚大出品

中国政法大学出版社

人生在勤　不索何获

法考网络学习　就选厚大在线
扫码关注【厚大在线】微信公众号

备考干货　提供免费备考资料
考试指南　指导全科备考方略
法考讯息　获取最新考情资讯

@厚大在线
@厚大法考学员服务号

@厚大在线视频号

@厚大在线

@厚大法考·在线

关注【厚大在线】全平台，获取更多备考干货

# 代 总 序
## GENERAL PREFACE

### 做法治之光
### ——致亲爱的考生朋友

如果问哪个群体会真正认真地学习法律，我想答案可能是备战法考的考生。

当厚大的老总力邀我们全力投入法考的培训事业，他最打动我们的一句话就是：这是一个远比象牙塔更大的舞台，我们可以向那些真正愿意去学习法律的同学普及法治的观念。

应试化的法律教育当然要帮助同学们以最便捷的方式通过法考，但它同时也可以承载法治信念的传承。

一直以来，人们习惯将应试化教育和大学教育对立开来，认为前者不登大雅之堂，充满填鸭与铜臭。然而，没有应试的导向，很少有人能够真正自律到系统地学习法律。在许多大学校园，田园牧歌式的自由放任也许能够培养出少数的精英，但不少学生却是在游戏、逃课、昏睡中浪费生命。人类所有的成就靠的其实都是艰辛的训练；法治建设所需的人才必须接受应试的锤炼。

应试化教育并不希望培养出类拔萃的精英，我们只希望为法治建设输送合格的人才，提升所有愿意学习法律的同学整体性的法律知识水平，培育真正的法治情怀。

厚大教育在全行业中率先推出了免费视频的教育模式，让优质的教育从此可以遍及每一个有网络的地方，经济问题不会再成为学生享受这些教育资源的壁垒。

最好的东西其实都是免费的，阳光、空气、无私的爱，越是弥足珍贵，越是免费的。我们希望厚大的免费课堂能够提供最优质的法律教育，一如阳光遍洒四方，带给每一位同学以法律的温暖。

没有哪一种职业资格考试像法考一样，科目之多、强度之大令人咋舌，这也是为什么通过法律职业资格考试是每一个法律人的梦想。

法考之路，并不好走。有沮丧、有压力、有疲倦，但愿你能坚持。

坚持就是胜利，法律职业资格考试如此，法治道路更是如此。

当你成为法官、检察官、律师或者其他法律工作者，你一定会面对更多的挑战、更多的压力，但是我们请你持守当初的梦想，永远不要放弃。

人生短暂，不过区区三万多天。我们每天都在走向人生的终点，对于每个人而言，我们最宝贵的财富就是时间。

感谢所有参加法考的朋友，感谢你愿意用你宝贵的时间去助力中国的法治建设。

我们都在借来的时间中生活。无论你是基于何种目的参加法考，你都被一只无形的大手抛进了法治的熔炉，要成为中国法治建设的血液，要让这个国家在法治中走向复兴。

数以万计的法条，盈千累万的试题，反反复复的训练。我们相信，这种貌似枯燥机械的复习正是对你性格的锤炼，让你迎接法治使命中更大的挑战。

　　亲爱的朋友，愿你在考试的复习中能够加倍地细心。因为将来的法律生涯，需要你心思格外的缜密，你要在纷繁芜杂的证据中不断搜索，发现疑点，去制止冤案。

　　亲爱的朋友，愿你在考试的复习中懂得放弃。你不可能学会所有的知识，抓住大头即可。将来的法律生涯，同样需要你在坚持原则的前提下有所为、有所不为。

　　亲爱的朋友，愿你在考试的复习中沉着冷静。不要为难题乱了阵脚，实在不会，那就绕道而行。法律生涯，道阻且长，唯有怀抱从容淡定的心才能笑到最后。

法律职业资格考试不仅仅是一次考试，它更是你法律生涯的一次预表。

我们祝你顺利地通过考试。

不仅仅在考试中，也在今后的法治使命中——

不悲伤、不犹豫、不彷徨。

但求理解。

厚大®全体老师　谨识

# 第五版序

## 用汗水浇灌梦想之花

本书的出版，就是为了给大家节省时间！

新版的内容，根据2025年法考考试大纲和官方教材对"习近平法治思想"的内容进行了相应的更新，导致了本书内容的更新和体系框架的相应调整。

本书既然是主观题的冲刺背诵版，就意味着每位读者都可以直接阅读、学习、念诵。一册在手，你将触摸到我的辛勤劳作！然而毫无疑问，2025，决胜之机，胜利的荣光将归于你！

让我们携手，一起用汗水浇灌梦想之花！

白斌（竹西君）
2025年8月1日
于中央财经大学法学院

# 目 录 CONTENTS

## 第 1 部分　经典必背30段　001

一、习近平法治思想 ················································· 001

二、习近平法治思想形成的时代背景 ···························· 001

三、推进全面依法治国的意义 ······································ 002

四、中国特色社会主义法治道路 ··································· 002

五、从中国实际出发 ················································· 003

六、中国特色社会主义制度 ········································· 003

七、中国特色社会主义法治理论 ··································· 003

八、坚持党的领导 ···················································· 004

九、三个统一、四个善于 ··········································· 004

十、把党的领导贯彻落实到全面依法治国全过程和各方面 ········ 005

十一、坚持党的领导、人民当家作主、依法治国有机统一 ······ 005

十二、坚持以人民为中心 ··········································· 006

十三、人民的主体地位 ·············································· 006

十四、党和国家机构改革 ··········································· 007

十五、公平正义 ······················································ 007

十六、统筹推进国内法治和涉外法治 ···························· 007

十七、中国特色社会主义法治体系 ································ 008

十八、立法（推进科学立法） ……………………………………… 008
十九、行政执法（推进严格执法） ………………………………… 009
二十、公正司法 ……………………………………………………… 009
二十一、守法（推进全民守法） …………………………………… 010
二十二、依法治国和以德治国相结合 ……………………………… 010
二十三、监督 ………………………………………………………… 011
二十四、加快形成完善的党内法规体系 …………………………… 011
二十五、全面深化改革、推进中国式现代化 ……………………… 012
二十六、要运用法治手段解决道德领域突出问题 ………………… 012
二十七、从严治党 …………………………………………………… 013
二十八、新发展理念 ………………………………………………… 013
二十九、领导干部是全面依法治国的关键 ………………………… 014
三十、人民代表大会制度 …………………………………………… 014

## 第 2 部分  核心概念　　015

一、新质生产力 ……………………………………………………… 015
二、中国特色社会主义法治道路的核心要义 ……………………… 015
三、全过程人民民主 ………………………………………………… 016
四、全面推进依法治国的总抓手（中国特色社会主义
　　法治体系） ……………………………………………………… 016
五、全面依法治国的根本立场 ……………………………………… 017
六、全面依法治国的工作布局 ……………………………………… 017
七、新时代全面深化改革的总目标以及取得的历史性成就 ……… 017
八、全面依法治国的时代使命 ……………………………………… 018
九、习近平法治思想形成发展的逻辑 ……………………………… 018
十、全面依法治国的唯一正确道路 ………………………………… 019
十一、全面依法治国的迫切任务 …………………………………… 019
十二、全面依法治国的关键所在 …………………………………… 020

目 录

十三、全面依法治国的基础性保障 020
十四、全面依法治国的根本保证 020
十五、全面推进依法治国的重要环节 021
十六、全面推进依法治国的根本遵循 021
十七、新时代"枫桥经验" 021
十八、人类命运共同体 022
十九、和平共处五项原则 022
二十、党和国家监督体系 023

## 第3部分 法治语录　　024

一、关于法治 024
二、关于法治道路 024
三、关于法治体系 025
四、关于党的领导 025
五、关于党的历史 025
六、关于立法 025
七、关于执法 026
八、关于监督 026
九、关于司法 026
十、关于公开 027
十一、关于守法 027
十二、关于新发展理念 027
十三、关于反腐败 027
十四、关于人民 028
十五、关于党内法规 028
十六、关于领导干部 029
十七、关于环境保护 029
十八、关于人才建设 029

003

十九、关于改革 ……………………………………………………………… 029
二十、关于依法治网 ……………………………………………………… 030
二十一、关于涉外法治 …………………………………………………… 030

## 第 4 部分　经典套话和串话　031

一、人民 …………………………………………………………………… 031
二、公平正义 ……………………………………………………………… 032
三、宪法 …………………………………………………………………… 032
四、加强社会诚信建设 …………………………………………………… 033
五、党员干部 ……………………………………………………………… 033
六、法治 …………………………………………………………………… 033
七、网络法治 ……………………………………………………………… 034
八、权力 …………………………………………………………………… 034
九、从中国实际出发 ……………………………………………………… 035
十、法治和德治相结合 …………………………………………………… 036
十一、国家制度和国家治理 ……………………………………………… 036
十二、党的领导 …………………………………………………………… 037
十三、立法 ………………………………………………………………… 038
十四、法的实施 …………………………………………………………… 038
十五、对权力的制约和监督 ……………………………………………… 039
十六、执法 ………………………………………………………………… 039
十七、司法 ………………………………………………………………… 039
十八、守法 ………………………………………………………………… 040
十九、公开 ………………………………………………………………… 041
二十、立法与改革 ………………………………………………………… 041
二十一、新发展理念（环境保护） ……………………………………… 041
二十二、涉外法治 ………………………………………………………… 042
二十三、反腐败 …………………………………………………………… 042

目 录

## 第5部分 常见专题的答题框架 044

一、全面依法治国的工作布局 044
二、全面推进依法治国的重要环节 044
三、全面依法治国的迫切任务 045
四、全面依法治国的关键所在 045
五、坚持依法治国和以德治国相结合 045
六、习近平法治思想的重大意义 046
七、坚持中国特色社会主义法治道路 046
八、全面依法治国的根本保证 047
九、法治政府 047
十、推动全社会树立法治意识 047
十一、严格司法 048
十二、完善社会主义市场经济法律制度的重点任务 048
十三、为新质生产力提供法治保障 049
十四、习近平法治思想的鲜明特色 049
十五、党内法规 050
十六、加强知识产权保护的措施 050
十七、坚持依法治网 050
十八、坚持依法治军、从严治军 051
十九、构建对维护群众利益具有重大作用的制度体系 051
二十、充分发挥法治对经济社会发展的保障作用 051

## 第6部分 专题考点 053

一、为新质生产力提供法治保障 053
二、坚持依法治网 054
三、全面依法治国的工作布局 056
四、全面推进依法治国的重要环节 058

五、全面依法治国的关键所在 ………………………………………… 060
六、依法治国和以德治国相结合 ……………………………………… 061
七、坚持建设中国特色社会主义法治体系 …………………………… 063
八、习近平法治思想的重大意义 ……………………………………… 065
九、在党的领导下依法治国、厉行法治 ……………………………… 066
十、坚持和完善党和国家监督体系，强化对权力运行
　　的制约和监督 ……………………………………………………… 068
十一、坚定不移地推进反腐败斗争 …………………………………… 070
十二、用严格的法律制度保护生态环境 ……………………………… 072
十三、以新发展理念引领法治中国建设 ……………………………… 074
十四、保障人民群众参与司法 ………………………………………… 075
十五、推进严格司法 …………………………………………………… 076
十六、加强人权的司法保障 …………………………………………… 078
十七、推进公正司法 …………………………………………………… 079
十八、坚持和完善统筹城乡的民生保障制度 ………………………… 081
十九、中国特色社会主义法治道路是建设社会主义
　　　法治国家的唯一正确道路 ……………………………………… 082
二十、依法维权和化解纠纷 …………………………………………… 084
二十一、坚持全面依法治国、推进法治中国建设 …………………… 085
二十二、"党大还是法大"是个伪命题 ……………………………… 087
二十三、社会治理法治化 ……………………………………………… 089
二十四、坚持依法治军、从严治军 …………………………………… 090

## 第7部分　综合案例　093

案例1　法治和改革的关系 ……………………………………………… 093
案例2　统筹内外 ………………………………………………………… 100
案例3　人民代表大会制度 ……………………………………………… 105

第 1 部分

# 经典必背30段

## 一、习近平法治思想

伟大时代孕育伟大思想，伟大思想引领伟大征程。习近平法治思想是着眼中华民族伟大复兴战略全局和当今世界百年未有之大变局，顺应时代要求应运而生的重大战略思想，是马克思主义法治理论中国化时代化的最新成果。习近平法治思想内涵丰富、论述深刻、逻辑严密、系统完备，从历史和现实相贯通、国际和国内相关联、理论和实际相结合上，深刻回答了新时代为什么要实行全面依法治国、怎样实行全面依法治国等一系列重大问题，为深入推进全面依法治国、加快建设社会主义法治国家，运用制度威力应对风险挑战，实现党和国家长治久安，以中国式现代化全面推进强国建设、民族复兴伟业，提供了科学指南。

## 二、习近平法治思想形成的时代背景

当今世界正经历百年未有之大变局，经济全球化遭遇逆流，保护主义、单边主义上升，世界经济低迷，国际贸易和投资大幅萎缩，国际经济、科技、文化、安全、政治等格局都在发生深刻调整。我国正处在中华民族伟大复兴的关键时期，中华民族迎来了从站起来、富起来到强起来的伟大飞跃。我国经济正处在转变发展方式、优化经济结构、转换增长动力的攻关期，经济已由高速增长阶段转向高质量发展阶段，经济长期向好，市场空间广阔，发展韧性强大，正在形成以国内大循环为主体、国内国际双循环相互促进的新发展格局，改革发展稳定任务日益繁重。面对新形势新任务，推进全面依法治国，必须以科学理论为指导。这个科学理论就是习近平法治思想。

### 三、推进全面依法治国的意义

新时代推进全面依法治国，是坚持和发展中国特色社会主义的本质要求和重要保障，是实现国家治理体系和治理能力现代化的必然要求，事关我们党执政兴国，事关人民幸福安康，事关党和国家长治久安。全面深化改革、完善和发展中国特色社会主义制度，全面从严治党、提高党的执政能力和执政水平，实现中华民族伟大复兴的中国梦，必须全面依法治国。

### 四、中国特色社会主义法治道路

方向决定道路，道路决定命运。道路问题是关系党的事业兴衰成败第一位的问题。习近平总书记指出："全面推进依法治国，必须走对路。如果路走错了，南辕北辙了，那再提什么要求和举措也都没有意义了。"中国特色社会主义法治道路，根植于我国社会主义初级阶段的基本国情，生发于我国改革开放和社会主义现代化建设的具体实践，是被历史和现实充分证明了的符合我国基本国情、符合人民群众愿望、符合实践发展要求的法治道路，是建设社会主义法治国家的唯一正确道路，具有显著优越性。

## 五、从中国实际出发

世界上不存在定于一尊的法治模式，也不存在放之四海而皆准的法治道路。我们推进全面依法治国，必须要树立自信、保持定力，从我国实际出发，突出中国特色、实践特色、时代特色，要同推进国家治理体系和治理能力现代化相适应；既不能罔顾国情、超越阶段，也不能因循守旧、墨守成规。因此，必须从我国的基本国情出发，同改革开放不断深化相适应，总结和运用党领导人民实行法治的成功经验，围绕社会主义法治建设重大理论和实践问题，推进法治理论创新，发展符合中国实际、具有中国特色、体现社会发展规律的社会主义法治理论，为依法治国提供理论指导和学理支撑。

## 六、中国特色社会主义制度

推进全面依法治国，必须坚持中国特色社会主义制度。中国特色社会主义制度包括中国特色社会主义根本制度、基本制度和重要制度，是中国特色社会主义法治体系的根本制度基础，是全面推进依法治国的根本制度保障。中国特色社会主义制度是中国共产党领导人民在不断探索和实践的基础上形成和发展起来的。要坚持中国特色社会主义法治道路，不断巩固和完善中国特色社会主义制度，以法治为中国特色社会主义制度保驾护航。

## 七、中国特色社会主义法治理论

推进全面依法治国，必须大力贯彻中国特色社会主义法治理论。中国特色社会主义法治理论，是中国特色社会主义理论体系的重要组成部分，是中国特色社会主义法治体系的理论指导和学理支撑，是全面推进依法治国的行动指南。在百年来的革命、建设、改革实践中，我们党把马克思主义基本原理与中国实际相结合，形成了毛泽东思想、邓小平理论、"三个代表"重要思想、科学发展观和习近平新时代中国特色社会主义思想。这些理论成果是我们党不断总结实践经验的思想精华，包含着丰富的法治理论。习近平法治思想是习近平新时代中国特色社会主义思想的重要组成部分，是新时代推进全面依法治国的科学指南和根本遵循。要深入学习贯彻习近平法治思想，不断开创法治中国建设的新局面。

## 八、坚持党的领导

党的领导是中国特色社会主义法治之魂。党政军民学、东西南北中，党是领导一切的。习近平总书记强调："党的领导是我国法治同西方资本主义国家法治最大的区别。"坚持党的领导，是社会主义法治的根本要求，是党和国家的根本所在、命脉所在，是全国各族人民的利益所系、幸福所系，是全面推进依法治国的题中应有之义。只有坚持党的领导，人民当家作主才能充分实现，国家和社会生活制度化、法治化才能有序推进。离开了党的领导，全面依法治国就难以有效推进，社会主义法治国家就建不起来。总之，社会主义法治必须坚持党的领导，党的领导必须依靠社会主义法治。

## 九、三个统一、四个善于

[健全党领导全面依法治国的制度和工作机制，着力提升党领导依法治国的能力和水平]

推进全面依法治国，必须把依法治国基本方略同依法执政基本方式统一起来，把党总揽全局、协调各方同人大、政府、政协、监察机关、审判机关、检察机关依法依章程履行职能、开展工作统一起来，把党领导人民制定和实施宪法法律同党坚持在宪法法律范围内活动统一起来。坚持党的领导，就要善于使党的主张通过法定程序成为国家意志，善于使党组织推荐的人选通过法定程序成为国家政权机关的领导人员，善于通过国家政权机关实施党对国家和社会的领导，善于运用民主集中制原则维护党和国家权威、维护全党全国团结统一。

## 十、把党的领导贯彻落实到全面依法治国全过程和各方面

[坚持党领导立法、保证执法、支持司法、带头守法]

加强党对法治建设和法治改革的集中统一领导，确保党的领导贯彻落实到全面依法治国全过程和各方面。习近平总书记指出："坚持党的领导，不是一句空的口号，必须具体体现在党领导立法、保证执法、支持司法、带头守法上。"通过领导立法，把党的主张通过法定程序转变为国家意志，从制度上、法律上保证党的路线方针政策得到贯彻；通过保证执法，维护国家法制统一、尊严、权威；通过支持司法，优化司法职权配置，规范司法行为，促进社会公平正义；通过带头守法，引领全民守法，营造全社会学法、尊法、守法、信法、用法的良好风尚。

## 十一、坚持党的领导、人民当家作主、依法治国有机统一

新时代推进全面依法治国，必须坚持党的领导、人民当家作主、依法治国有机统一。习近平总书记指出："把坚持党的领导、人民当家作主、依法治国有机统一起来是我国社会主义法治建设的一条基本经验。"党的领导是人民当家作主和依法治国的根本保证，人民当家作主是社会主义民主政治的本质特征，依法治国是党领导人民治理国家的基本方式，三者统一于我国社会主义民主政治伟大实践。人民代表大会制度是坚持党的领导、人民当家作主、依法治国有机统一的根本制度安排，是实现

党的领导和执政的制度载体和依托，是人民当家作主的根本途径和实现形式。

## 十二、坚持以人民为中心

习近平总书记指出："江山就是人民，人民就是江山，打江山、守江山，守的是人民的心。"以人民为中心是新时代坚持和发展中国特色社会主义的根本立场，是中国特色社会主义法治的本质要求。坚持以人民为中心，深刻回答了推进全面依法治国、建设社会主义法治国家为了谁、依靠谁的问题。推进全面依法治国，必须坚持人民主体地位，坚持法治为了人民、依靠人民、造福人民、保护人民，以保障人民根本权益为出发点和落脚点，把体现人民利益、反映人民愿望、维护人民权益、增进人民福祉落实到全面依法治国各领域全过程，使法律及其实施充分体现人民意志，维护社会公平正义，促进共同富裕。

## 十三、人民的主体地位

人民是依法治国的主体和力量源泉。全面依法治国最广泛、最深厚的基础是人民，必须坚持法治为了人民、依靠人民、造福人民、保护人民，以保障人民根本权益为出发点和落脚点。一方面，要把体现人民利益、反映人民愿望、维护人民权益、增进人民福祉落实到全面依法治国各领域全过程，使法律及其实施充分体现人民意志。另一方面，要保证人民依法享有广泛的权利和自由、承担应尽的义务，充分调动起人民群众投身依法治国实践的积极性和主动性，使全体人民都成为社会主义法治的忠实崇尚者、自觉遵守者、坚定捍卫者，使尊法、信法、守法、用法、护法成为全体人民的共同追求。

## 十四、党和国家机构改革

深化党和国家机构改革,是社会主义制度的自我完善和发展,是坚持和加强党的全面领导的必然要求,也是推进国家治理体系和治理能力现代化的重大举措。目前,党和国家机构设置和职能配置同统筹推进"五位一体"总体布局和协调推进"四个全面"战略布局的要求还不完全适应,一些领域党政机构重叠、职责交叉、权责脱节,中央和地方机构权责划分也不尽合理。因此,必须与时俱进深化机构改革,破除妨碍党和国家事业发展的壁垒,构建系统完备、科学规范、运行高效的党和国家机构职能体系。

## 十五、公平正义

公平正义是法治的生命线,是中国特色社会主义法治的内在要求。坚持全面依法治国、建设社会主义法治国家、切实保障社会公平正义和人民权利,是社会主义法治的价值追求。全面依法治国必须紧紧围绕保障和促进社会公平正义,把公平正义贯穿到立法、执法、司法、守法的全过程和各方面,紧紧围绕保障和促进社会公平正义来推进法治建设和法治改革,创造更加公平正义的法治环境,努力让人民群众在每一项法律制度、每一个执法决定、每一宗司法案件中都感受到公平正义。同时,维护社会公平正义,必须坚持法律面前人人平等。要完善体现权利公平、机会公平、规则公平的法律制度,确保法律面前人人平等。

## 十六、统筹推进国内法治和涉外法治

统筹推进国内法治和涉外法治,协调推进国内治理和国际治理,是全面依法治国的必然要求，是建立以国内大循环为主体、国内国际双循环相互促进的新发展格局的客观需要，是维护国家主权、安全、发展利益的迫切需要。当今世界正面临百年未有之大变局，国际社会经济发展和地缘政治安全发生深刻变化。要全方位深化对外开放，深入推进"一带一路"建设，维护我国国家利益和公民、法人在境外合法权益，实现中华民族伟大复兴的中国梦，维护世界和平稳定与发展繁荣，构建人类命运共同体，必须统筹推进国内法治和涉外法治。

### 十七、中国特色社会主义法治体系

中国特色社会主义法治体系是国家治理体系的骨干工程，是全面推进依法治国的总抓手。习近平总书记指出："全面推进依法治国，总目标是建设中国特色社会主义法治体系、建设社会主义法治国家。"建设中国特色社会主义法治体系，就是在中国共产党领导下，坚持中国特色社会主义制度，贯彻中国特色社会主义法治理论，形成完备的法律规范体系、高效的法治实施体系、严密的法治监督体系、有力的法治保障体系，形成完善的党内法规体系。全面推进依法治国，要求各项工作都要围绕总目标来部署、来展开，都要围绕中国特色社会主义法治体系这个总抓手来谋划、来推进。

### 十八、立法（推进科学立法）

法律是治国之重器，良法是善治之前提。习近平总书记强调："人民群众对立法的期盼，已经不是有没有，而是好不好、管用不管用、能不能解决实际问题。"必须坚持立法先行，抓住提高立法质量这个关键，完善立法规划，突出立法重点，坚持立改废释并举，不断完善以宪法为核心的中国特色社会主义法律体系，为全面依法治国提供遵循。要完善立法体制机制，扩大公众有序参与，充分听取各方面意见，把公正、公平、公开原则贯穿立法全过程，使法律准确反映经济社会发展要求，更好地协调利益关系，发挥立法的引领和推动作用。要深入推进科学立法、民主立法、依法立法，提高立法质量和效率，增强法律法规的及时性、系统性、针对性、有效性，以良法促发展，以良法保善治。要恪守以民为本、立法为民理念，贯彻社会主义核心价值观，使每一项立法都符合宪法精神、反映人民意志、得到人民拥护。

### 十九、行政执法（推进严格执法）

法律的生命力在于实施，法律的权威也在于实施。习近平总书记指出："如果有了法律而不实施，或者实施不力，搞得有法不依、执法不严、违法不究，那制定再多法律也无济于事。"各级政府必须坚持在党的领导下、在法治轨道上开展工作，创新执法体制，完善执法程序，推进综合执法，严格执法责任，建立权责统一、权威高效的依法行政体制，加快构建职责明确、依法行政的政府治理体系，加快建设职能科学、权责法定、执法严明、公开公正、智能高效、廉洁诚信、人民满意的法治政府，为全面建设社会主义现代化国家、实现中华民族伟大复兴的中国梦提供有力的法治保障。

### 二十、公正司法

公正是法治的生命线，是司法的灵魂和生命。习近平总书记指出："所谓公正司法，就是受到侵害的权利一定会得到保护和救济，违法犯罪活动一定要受到制裁和惩罚。"司法公正对社会公正具有重要引领作用，司法不公对社会公正具有致命破坏作用。必须完善司法管理体制和司法权力运行机制，规范司法行为，深化司法体制综合配套改革，加强对司法活动的监督，全面落实司法责任制，努力让人民群众在每一个司法案件中感受到公平正义。阳光是最好的防腐剂，必须大力推进司法公开，构建开放、动态、透明、便民的阳光司法机制，以公开促公正，以公正树公信，以透明保廉洁，让暗箱操作没有空间，让司法腐败无法藏身，让公平正义的阳光照耀人民心田。

## 二十一、守法（推进全民守法）

法律的权威源自人民的内心拥护和真诚信仰。习近平总书记指出："全民守法，就是任何组织或者个人都必须在宪法和法律范围内活动，任何公民、社会组织和国家机关都要以宪法和法律为行为准则，依照宪法和法律行使权利或权力、履行义务或职责。"要深入开展法治宣传教育，在全社会弘扬社会主义法治精神，传播法律知识，培养法律意识，形成守法光荣、违法可耻的社会氛围，使全体人民都成为社会主义法治的忠实崇尚者、自觉遵守者、坚定捍卫者。要突出普法重点内容，全面落实"谁执法谁普法"的普法责任制，努力在增强普法的针对性和实效性上下功夫，不断提升全体公民法治意识和法治素养。要坚持依法治国和以德治国相结合，把法治建设和道德建设紧密结合起来，把他律和自律紧密结合起来，做到法治和德治相辅相成、相互促进。

## 二十二、依法治国和以德治国相结合

法律是成文的道德，道德是内心的法律。法律和道德都具有规范社会行为、调节社会关系、维护社会秩序的作用，在国家治理中都有其不同的地位和功能。习近平总书记指出："法律是准绳，任何时候都必须遵循；道德是基石，任何时候都不可忽视。"法安天下，德润人心。一方面，必须坚持一手抓法治、一手抓德治，大力弘扬社会主义核心价值观，弘扬中华传统美德，培育社会公德、职业道德、家庭美德、个人品德，既重视发挥法律的规范作用，又重视发挥道德的教化作用。另一方面，应当以法治体现道德理念，强化法律对道德建设的促进作用；以道德滋养法治精神，强化道德对法治文化的支撑作用。实现法律和道德相辅相成，法治和德治相得益彰。

## 二十三、监督

不受制约和监督的权力必然导致滥用和腐败。完善党和国家监督制度，是全面依法治国、建设社会主义法治国家的必然要求。要抓紧完善权力运行制约和监督机制，规范立法、执法、司法机关权力行使，加强党内监督、人大监督、民主监督、行政监督、监察监督、司法监督、审计监督、社会监督和舆论监督制度建设，努力形成科学有效的权力运行制约和监督体系，增强监督合力和实效。健全监察机关、公安机关、检察机关、审判机关、司法行政机关各司其职，监察权、侦查权、检察权、审判权、执行权相互配合、相互制约的体制机制。对执法司法领域的腐败零容忍，坚决清除害群之马。必须通过有效制约和监督，确保公权力的行使永远体现党和人民意志，接受党和人民监督，始终为人民服务。

## 二十四、加快形成完善的党内法规体系

党内法规既是管党治党的重要依据，也是建设社会主义法治国家的有力保障。依规治党深入党心，依法治国才能深入民心。习近平总书记指出："加强党内法规制度建设是全面从严治党的长远之策、根本之策。"必须进一步完善党内法规制定体制机制，完善党的组织法规制度、党的领导法规制度、党的自身建设法规制度、党的监督保障法规制度。要加大党内法规备案审查和解释力度，注重党内法规同国家法律的衔接和协调。要完

善党内法规制度体系，确保内容科学、程序严密、配套完备、运行有效，形成制度整体效应，强化制度执行力，为提高党的领导水平和执政能力提供有力的制度保障。

## 二十五、全面深化改革、推进中国式现代化

改革开放只有进行时，没有完成时。习近平总书记指出，中国式现代化是在改革开放中不断推进的。进一步全面深化改革、推进中国式现代化，是坚持和完善中国特色社会主义制度、推进国家治理体系和治理能力现代化的必然要求，是贯彻新发展理念、更好适应我国社会主要矛盾变化的必然要求，是坚持以人民为中心、让现代化建设成果更多更公平惠及全体人民的必然要求，是应对重大风险挑战、推动党和国家事业行稳致远的必然要求，是推动构建人类命运共同体、在百年变局加速演进中赢得战略主动的必然要求，是深入推进新时代党的建设新的伟大工程、建设更加坚强有力的马克思主义政党的必然要求。全党必须自觉把改革摆在更加突出位置，紧紧围绕推进中国式现代化进一步全面深化改革。

## 二十六、要运用法治手段解决道德领域突出问题

习近平总书记指出："法律是底线的道德，也是道德的保障。"对缺少道德自觉的人，对那些伤风败俗的丑恶行为、激起公愤的缺德现象，单靠道德教育、叩问良心已经不够，必须运用法治手段进行治理。我们要加强相关立法工作，明确对失德行为的惩戒措施，依法加强对群众反映强烈的失德行为的整治。比如诚信缺失、电信诈骗、假冒伪劣等问题，都应用法治手段予以严惩。对突出的诚信缺失问题，既要抓紧建立覆盖全社会的征信系统，又要完善守法诚信褒奖机制和违法失信惩戒机制，使人不敢失信、不能失信。对见利忘义、制假售假的违法行为，要加大执法力度，让

败德违法者受到惩治、付出代价。

## 二十七、从严治党

构建全面从严治党体系是立党立国、兴党强国的重要法宝，也是推进全面依法治国、建设社会主义法治国家的本质要求，事关党执政兴国，事关人民幸福安康，事关党和国家长治久安。必须健全全面从严治党体系，始终坚持党要管党、从严治党的原则和方针，充分发挥党的政治优势、组织优势、制度优势，坚持制度治党、依规治党，坚定不移地开展反腐败斗争，保持党的先进性和纯洁性，确保党始终成为中国特色社会主义事业的坚强领导核心。

## 二十八、新发展理念

创新、协调、绿色、开放、共享的发展理念，是推进我国经济社会发展的基本遵循，是法治中国建设的思想指引。创新是引领发展的第一动力，注重的是解决发展动力问题；协调是持续健康发展的内在要求，注重的是解决发展不平衡问题；绿色是永续发展的必要条件和人民对美好生活追求的重要体现，注重的是解决人与自然和谐问题；开放是国家繁荣发展的必由之路，注重的是解决发展内外联动问题；共享是中国特色社会主义的本质要求，注重的是解决社会公平正义问题。总之，新发展理念是一个系统的理论体系，回答了关于发展的目的、动力、方式、路径等一系列理论和实践问题，阐明了我们党关于发展的政治立场、价值导向、发展模式、发展道路等重大政治问题。必须完整把握、准确理解、全面落实新发展理念，把新发展理念贯彻到经济社会发展的全过程和各领域。

## 二十九、领导干部是全面依法治国的关键

领导干部是全面推进依法治国的重要组织者、推动者、实践者，是全面依法治国的关键。习近平总书记指出："各级领导干部作为具体行使党的执政权和国家立法权、行政权、司法权的人，在很大程度上决定着全面依法治国的方向、道路、进度。"领导干部对法治建设既可以起到关键推动作用，也可能起到致命破坏作用。各级领导干部要对法律怀有敬畏之心，带头尊崇法治、敬畏法律、了解法律、掌握法律，不断提高运用法治思维和法治方式深化改革、推动发展、化解矛盾、维护稳定、应对风险的能力。同时，领导干部必须牢记法律红线不可逾越、法律底线不可触碰，做尊法学法守法用法的模范。

## 三十、人民代表大会制度

人民代表大会制度是我国的根本政治制度，是坚持党的领导、人民当家作主、依法治国有机统一的根本政治制度安排，是实现党的领导和执政的制度载体和依托，是人民当家作主的根本途径和实现形式。习近平总书记强调："人民代表大会制度是我们党领导人民在人类政治制度史上的伟大创造。"人民代表大会制度坚持国家一切权力属于人民，最大限度保障人民当家作主，保证人民依照宪法和法律规定，通过各种途径和形式，管理国家事务，管理经济文化事业，管理社会事务。在全面依法治国和全面建设中国特色社会主义现代化国家的过程中，必须坚持政治制度自信，坚持宪法确定的人民民主专政的国体和人民代表大会制度的政体不动摇。

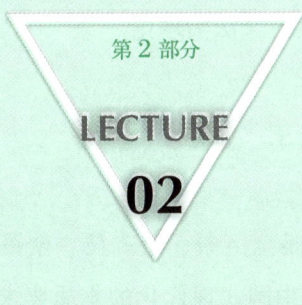

# 核心概念

## 一、新质生产力

新质生产力是马克思主义生产力理论中国化的最新成果，凝聚了党领导推动经济社会发展的深邃理论洞见和丰富实践经验，是推动高质量发展的内在要求和重要着力点，是科技创新交叉融合突破所产生的根本性成果。传统上依靠大量资源投入、高度消耗资源能源、严重污染生态环境的经济增长方式、生产力发展路径，成本巨大且不可持续。必须坚持贯彻新发展理念，大力推进科技创新，产业创新，发展方式、体制机制创新，健全因地制宜发展高科技、高效能、高质量的新质生产力体制机制，加快发展新质生产力，扎实推进高质量发展。

## 二、中国特色社会主义法治道路的核心要义

1. 坚持党的领导。
2. 坚持中国特色社会主义制度。

3. 贯彻中国特色社会主义法治理论。

## 三、全过程人民民主

"全过程人民民主"是全链条、全方位、全覆盖的民主，是社会主义民主政治的本质属性，是中国式现代化的本质要求，是新时代我们党领导人民推进社会主义政治建设取得的重大理论和实践创新成果。

必须坚持以人民为中心，坚持人民至上，始终将实现最广大人民的根本利益作为民主政治建设的出发点和落脚点。要形成完整的制度程序和参与实践，保证人民在日常政治生活中有广泛持续深入参与的权利。

必须坚持在党的领导下，健全人民当家作主制度体系，扩大人民有序政治参与，保证人民依法实行民主选举、民主协商、民主决策、民主管理、民主监督，发挥人民群众积极性、主动性、创造性，巩固和发展生动活泼、安定团结的政治局面。

## 四、全面推进依法治国的总抓手（中国特色社会主义法治体系）

全面推进依法治国涉及很多方面，在实际工作中必须有一个总揽全局、牵引各方的总抓手，这个总抓手就是建设中国特色社会主义法治体系。全面依法治国各项工作都要围绕这个总抓手来谋划、来推进。中国特色社会主义法治体系是一个内容丰富的整体，包含以下五个方面的具体内容：

1. 完备的法律规范体系。
2. 高效的法治实施体系。
3. 严密的法治监督体系。
4. 有力的法治保障体系。
5. 完善的党内法规体系。

### 五、全面依法治国的根本立场

人民群众是我们党的力量源泉，人民立场是中国共产党的根本政治立场。必须牢记我们的共和国是中华人民共和国，始终要把人民放在心中最高的位置，始终全心全意为人民服务，始终为人民利益和幸福而努力工作。

以人民为中心是新时代坚持和发展中国特色社会主义的根本立场，是中国特色社会主义法治的本质要求。坚持以人民为中心，深刻回答了推进全面依法治国、建设社会主义法治国家为了谁、依靠谁的问题。

### 六、全面依法治国的工作布局

1. 坚持依法治国、依法执政、依法行政共同推进。
2. 坚持法治国家、法治政府、法治社会一体建设。

### 七、新时代全面深化改革的总目标以及取得的历史性成就

全面深化改革的总目标确立为完善和发展中国特色社会主义制度，推进国家治理体系和治理能力现代化。

新时代全面深化改革取得了重大实践成果、制度成果、理论成果，举世瞩目，影响深远。

1. **实践成果**：通过全面深化改革，我国经济实力、科技实力、综合国力跃上了新台阶，科技创新能力显著提升。通过全面深化改革，我国在脱贫攻坚、教育医疗、社会保障、法治建设、生态文明建设、国家安全建设、国防和军队建设等领域均取得了重大成果。
2. **制度成果**：我们不断丰富和拓展制度内容、优化制度结构、完善制

度体系，我国根本制度、基本制度、重要制度更加完善，特别是把党的领导制度确立为国家的根本领导制度，系统完备、科学规范、运行有效的制度体系日渐成熟定型。

3. 理论成果：我们在改革中不断推进理论创新，科学把握改革面临的时与势、危与机，及时总结新鲜经验，不断深化对改革的规律性认识，形成关于全面深化改革的一系列新思想、新观点、新论断。比如，强调改革必须坚持党的领导；强调改革必须坚持以人民为中心；强调必须在法治轨道上推进改革；强调必须正确处理改革发展稳定的关系；等等。

## 八、全面依法治国的时代使命

在法治轨道上推进国家治理体系和治理能力现代化，是全面依法治国的时代使命。国家治理体系和治理能力是一个国家的制度和制度执行能力的集中体现。

1. 国家治理体系是在党领导下管理国家的制度体系，包括经济、政治、文化、社会、生态文明和党的建设等各领域的体制机制、法律法规安排，是一整套紧密相连、相互协调的国家制度。

2. 国家治理能力是运用国家制度管理社会各方面事务的能力，包括改革发展稳定、内政外交国防、治党治国治军等各个方面。

## 九、习近平法治思想形成发展的逻辑

1. 历史逻辑：习近平法治思想凝聚着中国共产党人在法治建设长期探索中形成的经验积累和智慧结晶，标志着我们党对共产党执政规律、社会主义建设规律、人类社会发展规律的认识达到了新高度，开辟了中国特色社会主义法治理论和实践的新境界。

2. 理论逻辑：习近平法治思想坚持马克思主义法治理论的基本原则，

贯彻运用马克思主义法治理论的立场、观点和方法，继承我们党关于法治建设的重要理论，传承中华优秀传统法律文化，系统总结新时代中国特色社会主义法治实践经验，是马克思主义法治理论与新时代中国特色社会主义法治实践相结合的产物，是马克思主义法治理论中国化时代化的新发展新飞跃，反映了创新马克思主义法治理论的内在逻辑要求。

3. 实践逻辑：习近平法治思想是从统筹中华民族伟大复兴战略全局和世界百年未有之大变局、实现党和国家长治久安的战略高度，在推进伟大斗争、伟大工程、伟大事业、伟大梦想的实践之中完善形成的，并会随着实践的发展而进一步丰富。

## 十、全面依法治国的唯一正确道路

中国特色社会主义法治道路是建设社会主义法治国家的唯一正确道路。

中国特色社会主义法治道路是一个管总的东西。具体讲我国法治建设的成就，大大小小可以列举出十几条、几十条，但归结起来就是开辟了中国特色社会主义法治道路这一条。

## 十一、全面依法治国的迫切任务

统筹推进国内法治和涉外法治是全面依法治国的迫切任务。

当今世界正面临百年未有之大变局，国际社会经济发展和地缘政治安全发生深刻变化。当前，随着我国经济实力和综合国力快速增长，对外开放全方位深化，"一带一路"建设深入推进，我国日益走近世界舞台中央，深度融入全球化进程，维护我国国家利益和公民、法人境外合法权益的任务日益繁重。

统筹推进国内法治和涉外法治，协调推进国内治理和国际治理，是全面依法治国的必然要求，是建立以国内大循环为主体、国内国际双循环相互促进的新发展格局的客观需要，是维护国家主权、安全、发展利益的迫切需要。

### 十二、全面依法治国的关键所在

领导干部是全面推进依法治国的重要组织者、推动者、实践者，是全面依法治国的关键。

领导干部对法治建设既可以起到关键推动作用，也可能起到致命破坏作用。必须把领导干部作为全面依法治国实践的重中之重予以高度重视，牢牢抓住领导干部这个"关键少数"。

### 十三、全面依法治国的基础性保障

坚持建设德才兼备的高素质法治工作队伍是全面依法治国的基础性保障。

要坚持把法治工作队伍建设作为全面依法治国的基础性工作，提高法治工作队伍思想政治素质、业务工作能力、职业道德水准，大力推进法治专门队伍革命化、正规化、专业化、职业化，着力建设一支忠于党、忠于国家、忠于人民、忠于法律的社会主义法治工作队伍，为加快建设社会主义法治国家提供有力人才保障。

### 十四、全面依法治国的根本保证

党的领导是中国特色社会主义最本质的特征，是中国特色社会主义制度的最大优势，是社会主义法治最根本的保证。为什么我国能保持长期稳定，没有乱？根本的一条就是我们始终坚持共产党领导。

习近平总书记指出："党的领导是我国社会主义法治之魂，是我国法治同西方资本主义国家法治最大的区别。"离开了党的领导，全面依法治国就难以有效推进，社会主义法治国家就建不起来。

## 十五、全面推进依法治国的重要环节

1. 坚持科学立法。
2. 坚持严格执法。
3. 坚持公正司法。
4. 坚持全民守法。

## 十六、全面推进依法治国的根本遵循

中国特色社会主义道路、理论体系、制度是全面推进依法治国的根本遵循。

首先，必须坚定不移地走中国特色社会主义道路：为全面推进依法治国指明了方向。

其次，必须坚定不移地贯彻中国特色社会主义理论体系：全面推进依法治国的理论指引和行动指南。

最后，必须坚定不移地坚持中国特色社会主义制度：全面推进依法治国的制度基础。

## 十七、新时代"枫桥经验"

发端于 20 世纪 60 年代初的"小事不出村，大事不出镇，矛盾不上交"的枫桥经验，在新时代得到了不断发展，形成了以"矛盾不上交，平安不出事，服务不缺位"为基本内涵的新时代"枫桥经验"。新时代"枫桥经验"是党领导人民推进基层治理现代化的重要探索，是党领导人民进行社会治理的丰富实践和宝贵经验的科学总结，是新时代中国特色社会治理的重要内容。必须坚持和发展新时代"枫桥经验"，坚持党建引领，坚持人民主体，坚持自治、法治、德治相融合，坚持共建共治共享，善于运用法治思维和法治方式解决涉及群众切身利益的矛盾和问题，及时把矛盾纠纷化解在基层、化解在萌芽状态。

### 十八、人类命运共同体

人类只有一个地球，各国共处一个世界。

当今世界，政治多极化、经济全球化和信息技术的普遍发展，导致各国间的联系和依存日益加深，但也面临诸多共同挑战。粮食安全、资源短缺、气候变化、环境污染、疾病流行、跨国犯罪等问题层出不穷，对国际秩序和人类生存都构成了严峻挑战。不论人们是否愿意，实际上都已经处在一个命运共同体中。

因此，必须倡导人类命运共同体意识，倡导各国要继承和弘扬《联合国宪章》的宗旨和原则，相互尊重、平等相待、合作共赢、共同发展，以合作促和平、以合作促发展、以合作促安全，努力构建以合作共赢为核心的新型国际关系，构建人类命运共同体，共创和平、安宁、繁荣、开放、美丽的新世界。

### 十九、和平共处五项原则

和平共处五项原则的发表，是国际关系史上的伟大创举，具有划时代的重大意义。弘扬和平共处五项原则，是妥善处理国与国之间关系的理论指南，是维护世界和平与安宁的必然要求，是促进全人类发展与进步的必由之路，是构建人类命运共同体的题中应有之义。当今世界，各国之间的联系和依存日益加深，但战争和冲突也是此起彼伏，严重威胁国际秩序和人类生存。在此背景下，必须弘扬和平共处五项原则，倡导人类命运共同体意识，倡导各国相互尊重、平等相待、精诚合作、共同发展，共创和平、安宁、繁荣、开放、美丽的新世界。

## 二十、党和国家监督体系

党和国家监督体系是党在长期执政条件下实现自我净化、自我完善、自我革新、自我提高的重要制度保障。必须健全党统一领导、全面覆盖、权威高效的监督体系，增强监督严肃性、协同性、有效性，形成决策科学、执行坚决、监督有力的权力运行机制，确保党和人民赋予的权力始终用来为人民谋幸福。

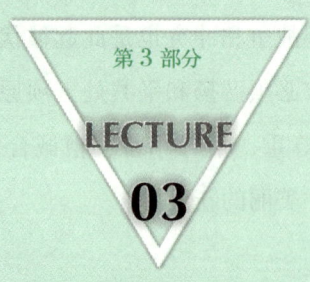

# 第 3 部分　法治语录

## 一、关于法治

1. "法律是治国之重器，法治是国家治理体系和治理能力的重要依托。"
2. "法治兴则国家兴，法治衰则国家乱。"
3. "什么时候重视法治、法治昌明，什么时候就国泰民安；什么时候忽视法治、法治松弛，什么时候就国乱民怨。"
4. "全面依法治国是一个系统工程，必须统筹兼顾、把握重点、整体谋划，更加注重系统性、整体性、协同性。"

## 二、关于法治道路

1. "世界上不存在定于一尊的法治模式，也不存在放之四海而皆准的法治道路。"
2. "走什么样的法治道路、建设什么样的法治体系，是由一个国家的基本国情决定的。"

3. "全面推进依法治国,必须走对路。如果路走错了,南辕北辙了,那再提什么要求和举措也都没有意义了。"

### 三、关于法治体系

1. "法治体系是国家治理体系的骨干工程。"
2. "全面推进依法治国涉及很多方面,在实际工作中必须有一个总揽全局、牵引各方的总抓手,这个总抓手就是建设中国特色社会主义法治体系。"

### 四、关于党的领导

1. "党的领导是中国特色社会主义法治之魂。"
2. "历史和人民选择了中国共产党。"
3. "党政军民学、东西南北中,党是领导一切的。"
4. "党的领导和社会主义法治是一致的,社会主义法治必须坚持党的领导,党的领导必须依靠社会主义法治。"

### 五、关于党的历史

1. "初心易得,始终难守。"
2. "以史为鉴,可以知兴替。"
3. "历史川流不息,精神代代相传。"

### 六、关于立法

1. "推进科学立法、民主立法,是提高立法质量的根本途径。"
2. "把权力关进制度的笼子里,首先要建好笼子。"

3. "人民群众对立法的期盼，已经不是有没有，而是好不好、管用不管用、能不能解决实际问题。不是什么法都能治国，不是什么法都能治好国；越是强调法治，越是要提高立法质量。"

4. "立善法于天下，则天下治；立善法于一国，则一国治。"

5. "法律是治国之重器，良法是善治之前提。"

## 七、关于执法

1. "法律需要人来执行，如果执法的人自己不守法，那法律再好也没用。"

2. "天下之事，不难于立法，而难于法之必行。"

3. "法律的生命力在于实施。如果有了法律而不实施，或者实施不力，搞得有法不依、执法不严、违法不究，那制定再多法律也无济于事。"

## 八、关于监督

1. "权力不论大小，只要不受制约和监督，都可能被滥用。"

2. "只要公权力存在，就必须有制约和监督。不关进笼子，公权力就会被滥用。"

## 九、关于司法

1. "我们要依法公正对待人民群众的诉求，努力让人民群众在每一个司法案件中都能感受到公平正义。"

2. "所谓公正司法，就是受到侵害的权利一定会得到保护和救济，违法犯罪活动一定要受到制裁和惩罚。"

3. "公平正义是司法的灵魂和生命。"

## 十、关于公开

1. "阳光是最好的防腐剂。权力运行不见阳光,或有选择地见阳光,公信力就无法树立。"
2. "以公开促公正,以公正树公信,以透明保廉洁。"

## 十一、关于守法

1. "法律要发挥作用,需要全社会信仰法律。"
2. "全民守法,就是任何组织或者个人都必须在宪法和法律范围内活动,任何公民、社会组织和国家机关都要以宪法和法律为行为准则,依照宪法和法律行使权利或权力、履行义务或职责。"

## 十二、关于新发展理念

1. "党的十八大以来,我们对经济社会发展提出了许多重大理论和理念,其中新发展理念是最重要、最主要的。"
2. "新发展理念是一个整体,坚持创新发展、协调发展、绿色发展、开放发展、共享发展,全党全国要统一思想、协调行动、开拓前进。"
3. "理念是行动的先导,一定的发展实践都是由一定的发展理念来引领的。发展理念是否对头,从根本上决定着发展成效乃至成败。"

## 十三、关于反腐败

1. "新的征程上,我们要牢记打铁必须自身硬的道理,坚定不移推进党风廉政建设和反腐败斗争。"

2. "坚决清除一切损害党的先进性和纯洁性的因素，清除一切侵蚀党的健康肌体的病毒，确保党不变质、不变色、不变味。"

3. "前车之覆，后车之鉴。"

4. "大气候形不成，小气候自然就会成气候。"

5. "反腐倡廉必须常抓不懈，拒腐防变必须警钟长鸣，关键就在'常''长'二字，一个是要经常抓，一个是要长期抓。"

6. "以猛药去疴、重典治乱的决心，以刮骨疗毒、壮士断腕的勇气，坚决把党风廉政建设和反腐败斗争进行到底。"

## 十四、关于人民

1. "人民是历史的创造者，是真正的英雄。"

2. "江山就是人民、人民就是江山，打江山、守江山，守的是人民的心。"

3. "中国共产党根基在人民、血脉在人民、力量在人民。"

4. "人民是我们党执政的最深厚基础和最大底气。"

5. "有事好商量，众人的事情由众人商量，找到全社会意愿和要求的最大公约数，是人民民主的真谛。"

## 十五、关于党内法规

1. "党纪就是红线，处分就是惩戒。"

2. "纲纪不彰，党将不党，国将不国。"

3. "依规治党深入党心，依法治国才能深入民心。"

4. "破除潜规则，根本之策是强化明规则，以正压邪，让潜规则在党内以及社会上失去土壤、失去通道、失去市场。"

5. "加强党内法规制度建设是全面从严治党的长远之策、根本之策。"

## 十六、关于领导干部

1. "领导干部对法治建设既可以起到关键推动作用,也可能起到致命破坏作用。"
2. "各级领导干部作为具体行使党的执政权和国家立法权、行政权、司法权的人,在很大程度上决定着全面依法治国的方向、道路、进度。"
3. "尊崇法治、敬畏法律,是领导干部必须具备的基本素质。"

## 十七、关于环境保护

1. "我们要像保护自己的眼睛一样保护生态环境,像对待生命一样对待生态环境。"
2. "绿水青山就是金山银山。"
3. "自然是生命之母,人与自然是生命共同体,人类必须敬畏自然、尊重自然、顺应自然、保护自然。"

## 十八、关于人才建设

"栽下梧桐树,引来金凤凰。"

## 十九、关于改革

1. "改革不是改旗易帜。我多次讲,我们的改革是有方向、有原则的。"
2. "改革是一个破旧立新的过程,破是手段,立是目的。"
3. "变中求新、新中求进、进中突破,推动我国发展不断迈上新台阶。"
4. "中国式现代化是在改革开放中不断推进的。"

## 二十、关于依法治网

"网络空间同现实社会一样,既要提倡自由,也要保持秩序。自由是秩序的目的,秩序是自由的保障。"

## 二十一、关于涉外法治

1."坚定不移维护国家主权、安全、发展利益,坚定不移维护世界和平、促进共同发展。"

2."构建人类命运共同体是世界各国人民前途所在。"

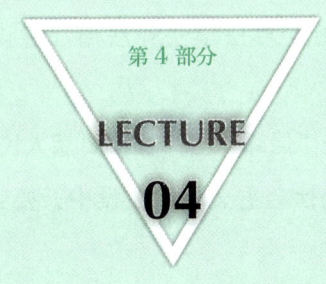

# 第4部分 LECTURE 04

# 经典套话和串话

## 一、人民

1. 要坚持人民主体地位，把体现人民利益、反映人民愿望、维护人民权益、增进人民福祉落实到全面依法治国各领域全过程。

2. 人民是历史的创造者，是决定党和国家前途命运的根本力量。

3. 倾听人民呼声，回应人民期待，凝聚人民力量。

4. 权为民所用，利为民所谋，情为民所系。

5. 系统研究谋划和解决法治领域人民群众反映强烈的突出问题，不断增强人民群众获得感、幸福感、安全感，用法治保障人民安居乐业。

6. 人民是依法治国的主体和力量源泉。

7. 必须坚持人民主体地位，坚持法治建设为了人民、依靠人民、造福人民、保护人民，以保障人民根本权益为出发点和落脚点。

8. 人民在党的领导下，依照宪法和法律规定，通过各种途径和形式管理国家事务，管理经济文化事业，管理社会事务。

9. 必须使人民认识到法律既是保障自身权利的有力武器，也是必须遵守的行为规范；增强全社会尊法学法守法用法意识，使法律为人民所掌握、所遵守、所运用。

10. 人民权益要靠法律保障，法律权威要靠人民维护。

11. 在推进中国特色社会主义法治建设中，要听取人民意见、反映人民愿望、汲取人民智慧。

12. 在我国，人民是无所不在的监督力量。只有让人民来监督政府，政府才不会懈怠；只有人人起来负责，才不会人亡政息。

## 二、公平正义

1. 理国要道，在于公平正直。
2. 公正是法治的生命线。
3. 平等是社会主义法律的基本属性。
4. 司法是维护社会公平正义的最后一道防线。
5. 绝不允许任何人以任何借口任何形式以言代法、以权压法、徇私枉法。

## 三、宪法

1. 宪法的根基在于人民发自内心的拥护，宪法的伟力在于人民出自真诚的信仰。
2. 宪法是国家的根本法，具有最高的法律效力。
3. 党领导人民制定宪法法律，领导人民实施宪法法律，党自身必须在宪法法律范围内活动。
4. 全国各族人民、一切国家机关和武装力量、各政党和各社会团体、各企业事业组织，都必须以宪法为根本的活动准则，并且负有维护宪法尊严、保证宪法实施的职责。
5. 任何组织和个人都不得有超越宪法法律的特权，一切违反宪法法律的行为都必须予以追究和纠正。

## 四、加强社会诚信建设

1. 牢固树立有权力就有责任、有权利就有义务观念。

2. 加强社会诚信建设，健全公民和组织守法信用记录，使每一个公民和组织的信用状况公开透明、可查可核。

## 五、党员干部

1. 各级领导干部要对法律怀有敬畏之心，牢记法律红线不可逾越、法律底线不可触碰，带头遵守法律，带头依法办事，不得违法行使权力，更不能以言代法、以权压法、徇私枉法。

2. 必须做到法律面前不为私心所扰、不为人情所困、不为关系所累、不为利益所惑。

3. 领导干部心中无法、以言代法、以权压法是法治建设的大敌。

4. 领导干部尊不尊法、学不学法、守不守法、用不用法，人民群众看在眼里、记在心上，并且会在自己的行动中效仿。

5. 各级党组织和党员、干部要强化依法治国、依法执政观念，提高运用法治思维和法治方式深化改革、推动发展、化解矛盾、维护稳定、应对风险的能力。

6. 直面矛盾问题不回避，铲除顽瘴痼疾不含糊，应对风险挑战不退缩，奋力打开改革发展新天地。

## 六、法治

1. 更好地发挥法治固根本、稳预期、利长远的保障作用。

2. 密织法律之网，强化法治之力。

3. 法治兴则国兴，法治强则国强。

4. 不以规矩，不能成方圆。

5. 实现经济发展、政治清明、文化昌盛、社会公正、生态良好，实现我国和平发展的战略目标，必须更好地发挥法治的引领和规范作用。

6. 不断为法治建设提供动力、激发活力。

7. 蓝图已绘就，目标在召唤，人民在期盼。

8. 坚持系统治理、依法治理、综合治理、源头治理，提高社会治理法治化水平。

9. 党的领导、人民当家作主和依法治国是有机统一的。维护宪法法律权威，就是维护党和人民共同意志的权威；捍卫宪法法律尊严，就是捍卫党和人民共同意志的尊严；保证宪法法律实施，就是保证党和人民共同意志的实现。

10. 谋划有主见、做事有章法，不断推动依法治国进程。

### 七、网络法治

1. 网络空间不是"法外之地"，同样要讲法治。

2. 网络空间是亿万民众共同的精神家园。

3. 网络空间天朗气清、生态良好，符合人民利益；网络空间乌烟瘴气、生态恶化，不符合人民利益。

4. 要把依法治网作为基础性手段，推动依法管网、依法办网、依法上网，确保互联网在法治轨道上健康运行。

### 八、权力

1. 权为民所用，利为民所谋，情为民所系。

2. 要牢记职权法定，明白权力来自哪里、界线划在哪里，做到法定职责必须为、法无授权不可为。

## 九、从中国实际出发

1. 世界上不存在定于一尊的法治模式，也不存在放之四海而皆准的法治道路。综观当今世界不同国家和地区，由于各自的历史背景、政治制度、法律文化和发展道路不同，法治模式和法律体系也各不相同。

2. 既要立足当前，运用法治思维和法治方式解决经济社会发展面临的深层次问题，又要着眼长远，筑法治之基、行法治之力、积法治之势，促进各方面制度更加成熟更加定型。

3. 正确的法治道路书上抄不来，别人送不来，只能靠自己走出来。

4. 必须从我国实际出发，突出中国特色、实践特色、时代特色；既不能罔顾国情、超越阶段，也不能因循守旧、墨守成规。

5. 要学习借鉴世界上优秀的法治文明成果，但必须坚持以我为主、为我所用，认真鉴别、合理吸收，不能搞"全盘西化"，不能搞"全面移植"，不能囫囵吞枣、照搬照抄。

6. 坚持从实际出发，就是要突出中国特色、实践特色、时代特色。

7. 汲取中华法律文化精华，借鉴国外法治有益经验，但决不照搬外国法治理念和模式。

8. 能不能把握好中国实际，决定了中国特色社会主义法治道路能否走得通、中国特色社会主义法治体系能否建得成。

9. 我们必须树立自信、保持定力，坚持走中国特色社会主义法治道路。

10. 一个国家选择什么样的法治道路、建设什么样的法治体系，是由这个国家的国体政体、历史传承、文化传统、经济社会发展水平决定的，是由这个国家的人民决定的。

11. 我们不能就法治讲法治，也不能为搞法治而搞法治。全面推进依法治国不是法治本身的"自转",而是围绕中国特色社会主义事业五位一体总布局的"公转"。

## 十、法治和德治相结合

1. 法安天下,德润人心。

2. 法律是准绳,任何时候都必须遵循;道德是基石,任何时候都不可忽视。

3. 法律是成文的道德,道德是内心的法律。

4. 要坚持严格执法,弘扬真善美、打击假恶丑。

5. 没有道德滋养,法治文化就缺乏源头活水,法律实施就缺乏坚实社会基础。

6. 领导干部既应该做全面依法治国的重要组织者、推动者,也应该做道德建设的积极倡导者、示范者。

7. 以德修身、以德立威、以德服众,是干部成长成才的重要因素。

8. 以法治体现道德理念,强化法律对道德建设的促进作用;以道德滋养法治精神,强化道德对法治文化的支撑作用。

9. 法律和道德相辅相成,法治和德治相得益彰。

10. 大力弘扬社会主义核心价值观,弘扬中华传统美德,培育社会公德、职业道德、家庭美德、个人品德。

11. 既重视发挥法律的规范作用,又重视发挥道德的教化作用。

12. 法律有效实施有赖于道德支持,道德践行也离不开法律约束。

13. 法治和德治不可分离、不可偏废,国家治理需要法律和道德协同发力。

## 十一、国家制度和国家治理

1. 着力固根基、扬优势、补短板、强弱项。

2. 构建系统完备、科学规范、运行有效的制度体系。

3. 加强系统治理、依法治理、综合治理、源头治理。

4. 为实现"两个一百年"奋斗目标、实现中华民族伟大复兴的中国梦提供有力保证。

5. 实现国家治理体系和治理能力现代化，使中国特色社会主义制度更加巩固、优越性充分展现。

6. 目标引领方向，目标凝聚力量。

7. 我们正处于全面深化改革的攻坚时期，处于实现国家治理体系和治理能力现代化的关键阶段。

## 十二、党的领导

1. 党政军民学、东西南北中，党是领导一切的。

2. 党的领导是中国特色社会主义最本质的特征，是社会主义法治最根本的保证。

3. 坚持党的领导，是社会主义法治的根本要求，是党和国家的根本所在、命脉所在，是全国各族人民的利益所系、幸福所系，是全面推进依法治国的题中应有之义。

4. 党领导立法、保证执法、支持司法、带头守法。

5. 依法执政，既要求党依据宪法法律治国理政，也要求党依据党内法规管党治党。

6. 党的领导和社会主义法治是一致的，社会主义法治必须坚持党的领导，党的领导必须依靠社会主义法治。

7. 治国必先治党，治党务必从严。

8. 党的领导对实现两个百年奋斗目标和中华民族伟大复兴中国梦、实现党和国家的长治久安具有深远意义。

## 十三、立法

1. 法律是治国之重器，良法是善治之前提。

2. 建设中国特色社会主义法治体系，必须坚持立法先行，发挥立法的引领和推动作用，抓住提高立法质量这个关键。

3. 要恪守以民为本、立法为民理念，贯彻社会主义核心价值观，使每一项立法都符合宪法精神、反映人民意志、得到人民拥护。

4. 要把公正、公平、公开原则贯穿立法全过程。

5. 完善立法体制机制，坚持立改废释并举，增强法律法规的及时性、系统性、针对性、有效性。

6. 推进科学立法、民主立法、依法立法，以良法促进发展，以良法保障善治。

7. 依法治国，首先要有法可依。

8. 加快制度创新，增加制度供给，完善制度配套，构建系统完整的制度体系。

9. 继续完善以宪法为统率的中国特色社会主义法律体系，把国家各项事业和各项工作纳入法治轨道。

## 十四、法的实施

1. 法律的生命力在于实施，法律的权威也在于实施。

2. 徒善不足以为政，徒法不足以自行。

3. 创新执法体制，完善执法程序，推进综合执法，严格执法责任。

4. 建立权责统一、权威高效的依法行政体制，加快建设职能科学、权责法定、执法严明、公开公正、廉洁高效、守法诚信的法治政府。

5. 行政机关要坚持法定职责必须为、法无授权不可为，勇于负责、敢于担当，坚决纠正不作为、乱作为，坚决克服懒政、怠政，坚决惩处失职、渎职。

### 十五、对权力的制约和监督

1. 把权力关进制度的笼子里，形成不敢腐的惩戒机制、不能腐的防范机制、不易腐的保障机制。
2. 有权必有责，用权受监督，违法必追究。
3. 加强党内监督、人大监督、民主监督、行政监督、司法监督、审计监督、社会监督、舆论监督制度建设，努力形成科学有效的权力运行制约和监督体系，增强监督合力和实效。
4. 加强对政府内部权力的制约，是强化对行政权力制约的重点。
5. 完善政府内部层级监督和专门监督，改进上级机关对下级机关的监督，建立常态化监督制度。
6. 没有监督的权力必然导致腐败，这是一条铁律。

### 十六、执法

1. 法律的生命力在于执行，法律的权威也在于执行。
2. 依法行政是依法治国的重要环节，法治政府建设是法治中国建设的重要组成部分。

### 十七、司法

1. 司法公正对社会公正具有重要引领作用，司法不公对社会公正具有致命破坏作用。
2. 深化司法体制综合配套改革，全面落实司法责任制，努力让人民群众在每一个司法案件中感受到公平正义。

3. 坚持人民司法为人民，依靠人民推进公正司法，通过公正司法维护人民权益。

4. 构建开放、动态、透明、便民的阳光司法机制，推进审判公开、检务公开、警务公开、狱务公开，依法及时公开执法司法依据、程序、流程、结果和生效法律文书，杜绝暗箱操作。

## 十八、守法

1. 任何组织和个人都必须尊重宪法法律权威，都必须在宪法法律范围内活动，都必须依照宪法法律行使权力或权利、履行职责或义务，都不得有超越宪法法律的特权。

2. 法律的权威源自人民的内心拥护和真诚信仰。

3. 牢记法律红线不可逾越、法律底线不可触碰，不能以言代法、以权压法、徇私枉法。

4. 一些国家工作人员特别是领导干部依法办事观念不强、能力不足，知法犯法、以言代法、以权压法、徇私枉法现象依然存在。

5. 奉法者强则国强，奉法者弱则国弱。

6. 必须以规范和约束公权力为重点，加大监督力度，做到有权必有责、用权受监督、违法必追究，坚决纠正有法不依、执法不严、违法不究行为。

7. 人民权益要靠法律保障，法律权威要靠人民维护。

8. 形成守法光荣、违法可耻的社会氛围，使全体人民都成为社会主义法治的忠实崇尚者、自觉遵守者、坚定捍卫者。

9. 深入开展法治宣传教育，引导全民自觉守法、遇事找法、解决问题靠法。

10. 法国思想家卢梭说过："一切法律中最重要的法律，既不是刻在大理石上，也不是刻在铜表上，而是铭刻在公民的内心里。"

## 十九、公开

1. 阳光是最好的防腐剂。

2. 全面推进政务公开,坚持以公开为常态、不公开为例外原则,推进行政决策公开、执行公开、管理公开、服务公开、结果公开。

3. 以公开促公正,以公正树公信,以透明保廉洁。

## 二十、立法与改革

1. 实现立法决策和改革决策相衔接,做到重大改革于法有据、立法主动适应改革和经济社会发展需要。

2. 实践证明行之有效的,要及时上升为法律;实践条件还不成熟、需要先行先试的,要按照法定程序作出授权。

3. 对不适应改革要求的法律法规,要及时修改和废止。

4. 改革是中国特色社会主义现代化建设的动力,是社会主义制度的自我完善和发展。发展是中国特色社会主义现代化建设的目的,是硬道理。中国解决所有问题的关键要靠自己的发展。稳定是中国特色社会主义现代化建设的前提。无论是改革还是发展都需要有一个稳定的社会环境作保证。

5. 在法治的轨道上推进改革,在改革的过程中完善法治。

## 二十一、新发展理念(环境保护)

1. 用严格的法律制度保护生态环境,加快建立有效约束开发行为和促进绿色发展、循环发展、低碳发展的生态文明法律制度。

2. 强化生产者保护环境的法律责任,大幅度提高违法成本。

3. 创新、协调、绿色、开放、共享的发展理念，是推进我国经济社会发展的基本遵循，是法治中国建设的思想指引。

4. 创新是引领发展的第一动力；协调是持续健康发展的内在要求；绿色是永续发展的必要条件和人民对美好生活追求的重要体现；开放是国家繁荣发展的必由之路；共享是中国特色社会主义的本质要求。

5. 生态环境保护是功在当代、利在千秋的事业。

6. 正确处理好经济发展同生态环境保护的关系，牢固树立保护生态环境就是保护生产力、改善生态环境就是发展生产力的理念。

7. 自觉地推动绿色发展、循环发展、低碳发展，决不以牺牲环境为代价去换取一时的经济增长。

## 二十二、涉外法治

1. 让和平的薪火代代相传，让发展的动力源源不断，让文明的光芒熠熠生辉。

2. 积极参与执法安全国际合作，共同打击暴力恐怖势力、民族分裂势力、宗教极端势力和贩毒走私、跨国有组织犯罪。

## 二十三、反腐败

1. 加强反腐败国家立法，从法律上构建起"以权力制约权力、以权利制约权力、以道德制约权力"的权力制约监督体系与机制，把权力关进制度的笼子里，形成不敢腐的惩戒机制、不能腐的防范机制、不易腐的保障机制。

2. 不为任何风险所惧、不被任何干扰所惑，始终保持反腐败高压态势，力度不减、节奏不变、尺度不松。

3. 坚持"老虎""苍蝇"一起打，将党风廉政建设和反腐败斗争进行到底。

4. 制度防腐，扎紧关住权力的"笼子"，推进不能腐。加强制度建设、依规治党是标本兼治的长远之举、必由之路。

5. 反腐败是全党同志和广大群众的共同愿望，是保证党的组织肌体健康、充满活力的必要手段。

6. 有腐必反、有贪必肃，方能取信于民。

7. 在我国，任何人不享有超越宪法与法律的绝对权力，不享有法外的特权，党纪国法面前没有例外。

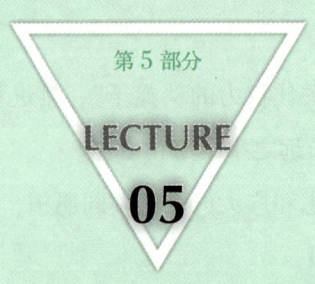

# 常见专题的答题框架

## 一、全面依法治国的工作布局

全面依法治国的工作布局是坚持依法治国、依法执政、依法行政共同推进，坚持法治国家、法治政府、法治社会一体建设。

1. 法治国家是法治建设的目标。
2. 法治政府是建设法治国家的主体。
3. 法治社会是构筑法治国家的基础。

## 二、全面推进依法治国的重要环节

科学立法、严格执法、公正司法、全民守法是全面推进依法治国的重要环节。

1. 推进科学立法。
2. 推进严格执法。
3. 推进公正司法。

4. 推进全民守法。

### 三、全面依法治国的迫切任务

1. 统筹推进国内法治和涉外法治是全面依法治国的迫切任务。
2. 加快涉外法治工作战略布局。
3. 加强对外法治交流合作。
4. 为构建人类命运共同体提供法治保障。

### 四、全面依法治国的关键所在

1. 领导干部是全面依法治国的关键。
2. 领导干部要做尊法学法守法用法的模范。
3. 领导干部要提高运用法治思维和法治方式的能力。
4. 党政主要负责人要履行推进法治建设第一责任人职责。

### 五、坚持依法治国和以德治国相结合

1. 二者都重要
国家和社会治理需要法律和道德共同发挥作用。
2. 两手都要抓
必须坚持一手抓法治、一手抓德治，大力弘扬社会主义核心价值观，弘扬中华传统美德，培育社会公德、职业道德、家庭美德、个人品德，既重视发挥法律的规范作用，又重视发挥道德的教化作用。
3. 两者相配合，实现法律和道德相辅相成、法治和德治相得益彰。
（1）以道德滋养法治精神，强化道德对法治文化的支撑作用。
❶完善与社会主义道德规范相协调的法律体系；

❷把社会主义核心价值观贯彻到法律实施过程中；

❸加强公民道德建设，增强法治的道德底蕴；

❹提升法治工作队伍的思想道德水平。

（2）以法治体现道德理念，强化法律对道德建设的促进作用。

❶深入开展法治宣传教育，增强全民法治意识和道德自觉；

❷通过严格执法、公正司法营造惩恶扬善的社会风气；

❸发挥法治在解决道德领域突出问题中的作用；

❹领导干部要带头学法、模范守法，做社会主义法治和社会主义道德的模范践行者。

## 六、习近平法治思想的重大意义

1. 习近平法治思想是马克思主义法治理论同中国法治建设具体实际相结合、同中华优秀传统法律文化相结合的最新成果。

2. 习近平法治思想是对党领导法治建设丰富实践和宝贵经验的科学总结。

3. 习近平法治思想是在法治轨道上全面建设社会主义现代化国家的根本遵循。

4. 习近平法治思想是引领法治中国建设实现高质量发展的思想旗帜。

## 七、坚持中国特色社会主义法治道路

1. 中国特色社会主义法治道路是建设社会主义法治国家的唯一正确道路。

2. 中国特色社会主义法治道路的核心要义

（1）坚持党的领导；

（2）坚持中国特色社会主义制度；

(3) 贯彻中国特色社会主义法治理论。

## 八、全面依法治国的根本保证

党的领导是中国特色社会主义法治之魂。
1. 全面依法治国是要加强和改善党的领导。
2. 坚持党的领导、人民当家作主、依法治国有机统一。
3. 坚持党领导立法、保证执法、支持司法、带头守法。
4. 健全党领导全面依法治国的制度和工作机制。

## 九、法治政府

1. 阳光政府。
2. 服务政府。
3. 责任政府。
4. 有限政府。
5. 廉洁政府。
6. 诚信政府。

## 十、推动全社会树立法治意识

1. 深入开展法治宣传教育
(1) 全民普法和守法是长期基础性工作；
(2) 领导干部带头学法、模范守法是树立法治意识的关键；
(3) 把法治教育纳入国民教育体系和精神文明创建内容；
(4) 创新普法宣传教育形式。

2. 健全普法宣传教育机制

（1）加强普法工作队伍建设；

（2）健全普法责任制；

（3）党委和政府加强领导，宣传、文化、教育部门和人民团体要发挥职能作用。

3. 完善守法诚信褒奖机制和违法失信惩戒机制。

4. 加强公民道德建设。

## 十一、严格司法

1. 健全保证严格司法的法律制度。

2. 完善严格司法的制度机制

（1）加强和规范司法解释；

（2）加强和规范案例指导。

3. 推进以审判为中心的诉讼制度改革。

4. 全面贯彻证据裁判规则，保证庭审在刑事诉讼中发挥决定性作用。

5. 建立健全保障严格司法的办案责任制

（1）明确各类司法人员的工作职责、工作流程和工作标准；

（2）实行错案责任倒查问责制。

## 十二、完善社会主义市场经济法律制度的重点任务

1. 健全产权保护法律制度。

2. 完善激励创新的法律制度。

3. 加强市场法律制度建设。

4. 完善促进公平竞争的法律制度。

## 十三、为新质生产力提供法治保障

1. 以法治保障科技创新。
2. 以法治保障全面深化改革。
3. 让法治成为最好的营商环境。

## 十四、习近平法治思想的鲜明特色

习近平法治思想体系完整、理论厚重、博大精深，就其主要方面来讲，集中体现为"十一个坚持"，都是涉及理论和实践的方向性、根本性、全局性的重大问题，具有原创性、系统性、时代性、人民性和实践性等五个方面的鲜明特色。

1. 原创性。习近平总书记在理论上不断拓展新视野、提出新命题、作出新论断、形成新概括，为发展马克思主义法治理论作出了重大原创性贡献。

2. 系统性。习近平总书记强调，全面依法治国是一个系统工程，注重用整体联系、统筹协调、辩证统一的科学方法谋划和推进法治中国建设，其内容构成了系统完备、逻辑严密、内在统一的科学思想体系。

3. 时代性。习近平总书记立足中国特色社会主义进入新时代的历史方位，立时代之潮头，发思想之先声，科学回答了新时代我国法治建设向哪里走、走什么路、实现什么目标等根本问题，在新时代治国理政实践中开启了社会主义法治建设新篇章。

4. 人民性。习近平总书记强调，法治建设要为了人民、依靠人民、造福人民、保护人民，推动把体现人民利益、反映人民愿望、维护人民权益、增进人民福祉落实到全面依法治国各领域全过程，不断增强人民群众获得感、幸福感、安全感。

5. 实践性。习近平总书记以破解法治实践难题为着力点，作出一系列重大决策部署，解决了许多长期想解决而没有解决的难题，办成了许多过去想办而没有办成的大事，法治中国建设开创新局面。

## 十五、党内法规

1. 党规党纪是管党治党建设党的重要法宝。
2. 依规管党治党建设党，首要的是维护党章的严肃性。
3. 与时俱进加强党内法规制度建设。
4. 用严格的党规党纪要求党员、管住干部。
5. 实现党内法规与国家法律有机衔接。

## 十六、加强知识产权保护的措施

1. 加强知识产权保护工作顶层设计。
2. 提高知识产权保护工作法治化水平。
3. 强化知识产权全链条保护。
4. 深化知识产权保护工作体制机制改革。
5. 统筹推进知识产权领域国际合作和竞争。
6. 维护知识产权领域国家安全。

## 十七、坚持依法治网

1. 网络空间不是"法外之地"，同样要讲法治。
2. 加快制定完善互联网领域法律法规。
3. 依法加强数据安全管理。
4. 依法严厉打击网络违法犯罪行为。

5. 共同维护网络空间和平安全。

## 十八、坚持依法治军、从严治军

1. 依法治军、从严治军，是我们党建军治军的基本方略。
2. 构建中国特色军事法治体系。
3. 强化全军法治信仰和法治思维。
4. 锻造法纪严、风气正的过硬基层。

## 十九、构建对维护群众利益具有重大作用的制度体系

1. 建立健全社会公平保障体系
（1）教育公平——幼有所学；
（2）就业公平——壮有所为；
（3）医疗公平——病有所医；
（4）社保公平——老有所养；
（5）住房公平——住有所居。
2. 建立健全群众利益表达维护机制
（1）社会矛盾预警机制；
（2）群众利益表达机制和协商沟通机制；
（3）社会救济救助机制。
3. 完善立体化的社会治安防控体系。

## 二十、充分发挥法治对经济社会发展的保障作用

1. 以法治保障经济发展。
2. 以法治保障政治稳定。

3. 以法治保障文化繁荣。
4. 以法治保障社会和谐。
5. 以法治保障生态良好。

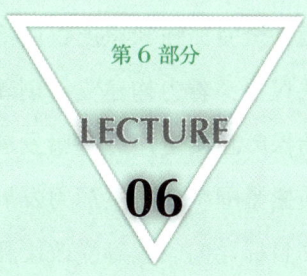

# 专题考点

## 一、为新质生产力提供法治保障

1. 新质生产力是马克思主义生产力理论的创新和发展，凝聚了党领导推动经济社会发展的深邃理论洞见和丰富实践经验，是推动高质量发展的内在要求和重要着力点，是科技创新交叉融合突破所产生的根本性成果。传统上依靠大量资源投入、高度消耗资源能源的生产力发展方式，成本巨大且不可持续。必须大力推进科技创新，产业创新，发展方式、体制机制创新，健全因地制宜发展新质生产力体制机制，加快发展新质生产力，扎实推进高质量发展。

2. 法律是治国之重器，良法是善治之前提。必须完整、准确、全面贯彻新发展理念，坚持以法治为引领，充分发挥法治固根本、稳预期、利长远的保障作用，以更高水平法治建设护航新质生产力，实现经济从高速增长转向高质量发展。

首先，必须以法治保障科技创新。习近平总书记指出："科技创新能够催生新产业、新模式、新动能，是发展新质生产力的核心要素。"进一步完善激励创新法律制度，全面加强知识产权法治保障，切实依法保护科创企业和科技人员的合法权益，着力构建支持创新、鼓励创新、保护创新的法律体系，以良法善治保障新质生产力健康发展。面对新一轮科技革命和产业变革深入发展，应紧紧围绕新质生产力发展需求，坚持以科技创新为引领，坚持问题导向、目标导向，统筹立改废释纂，进一步增强科技创新法律制度的系统性、协同性，完善中国特色科技法律体系。

其次，以法治保障全面深化改革。改革是解放和发展社会生产力的关键。习近平总书记指出："发展新质生产力，必须进一步全面深化改革，形成与之相适应的新型生产关系。"改革与法治关系密切，如鸟之两翼、车之两轮，相辅相成，不可偏废。必须坚持在法治轨道上全面深化经济体制、科技体制、教育体制、人才体制改革，运用法治思维和法治方式破除制约新质生产力发展的制度障碍，建立与新质生产力发展相适应的高水平社会主义市场经济体制。根据建设更高水平开放型经济新体制的需要，进一步加强涉外法治体系建设。

最后，让法治成为最好的营商环境。习近平总书记指出："法治是最好的营商环境。"必须采取有力法治措施，扎实推进营商环境领域相关立法、执法和司法工作，依法平等保护各类经营主体的产权和合法权益，不断提升营商环境法治化水平、激发市场活力，提振民营经济和民营企业信心，助推新质生产力加快发展。加快转变政府职能，规范涉企行政执法，全面推进严格规范公正文明执法，用法治给行政权力定规矩、划界限，切实解决好政府对市场干预过多和监管不到位问题，为市场主体在法治框架内创造最大限度的自由交易空间。

## 二、坚持依法治网

网络空间不是"法外之地"，同样要讲法治。网络空间是虚拟的，但运用网络空间的主体是现实的。习近平总书记指出："网络空间同现实社会一样,既要提倡自由,也要保持秩序。自由是秩序的目的,秩序是自由的保障。"既要尊重网民交流思想、表达意愿的权利,也要依法构建良好网络秩序;这有利于保障广大网民合法权益。

1. 加快制定完善互联网领域法律法规

这几年,我们坚持依法治网,加快网络立法进程,出台了一批法律法规,网络空间法治化持续推进;但同网络空间快速发展新形势相比,互联网领域立法仍有很多空白,依法治网水平仍有待提高,广大网民尊法守法意识有待增强。要加强信息技术领域立法,及时跟进研究数字经济、互联网金融、人工智能、大数据、云计算等相关法律制度,完善互联网信息内容管理、关键信息基础设施保护等法律法规,抓紧补齐短板。

2. 依法加强数据安全管理

加大个人信息保护力度,规范互联网企业和机构对个人信息的采集使用,特别是做好数据跨境流动的安全评估和监管。一些涉及国家利益、国家安全的数据,很多掌握在互联网企业手里,这样的企业必须保证这些数据安全。要加强关键信息基础设施安全保护,强化国家关键数据资源保护能力,增强数据安全预警和溯源能力。制定数据资源确权、开放、流通、交易相关制度,完善数据产权保护制度。加大对技术专利、数字版权、数字内容产品及个人隐私等的保护力度,维护广大人民群众利益、社会稳定、国家安全。加强国际数据治理政策储备和治理规则研究,提出中国方案。

3. 依法严厉打击网络违法犯罪行为

对利用网络鼓吹推翻国家政权、煽动宗教极端主义、宣扬民族分裂思想、教唆暴力恐怖活动等行为,要坚决制止和打击。对利用网络进行欺诈活动、散布色情材料、进行人身攻击、兜售非法物品等言行,要坚决管控和治理,决不能任其大行其道。没有哪个国家会允许这样的行为泛滥开来。对网络黑客、电信网络诈骗、侵犯公民个人隐私等违法犯罪行为,要切断网络犯罪利益链条,持续形成高压态势,维护人民群众合法权益。

4. 共同维护网络空间和平安全

随着世界多极化、经济全球化、文化多样化、社会信息化深入发展，互联网对人类文明进步将发挥更大促进作用。同时，互联网领域发展不平衡、规则不健全、秩序不合理等问题日益凸显。不同国家和地区信息鸿沟不断拉大，现有网络空间治理规则难以反映大多数国家意愿和利益；世界范围内侵害个人隐私、侵犯知识产权、网络犯罪等时有发生，网络监听、网络攻击、网络恐怖主义活动等成为全球公害。要倡导尊重网络主权，加强对话交流，有效管控分歧，同各国一道推动制定各方普遍接受的网络空间国际规则，制定网络空间国际反恐公约，健全打击网络犯罪司法协助机制。

总之，网络空间是亿万民众共同的精神家园。网络空间天朗气清、生态良好，符合人民利益；网络空间乌烟瘴气、生态恶化，不符合人民利益。谁都不愿生活在一个充斥着虚假、诈骗、攻击、谩骂、恐怖、色情、暴力的空间。要本着对社会负责、对人民负责的态度，在加强网络内容建设、做强网上正面宣传的同时，依法加强网络空间治理。要把依法治网作为基础性手段，推动依法管网、依法办网、依法上网，确保互联网在法治轨道上健康运行。

### 三、全面依法治国的工作布局

全面依法治国涉及改革发展稳定、内政外交国防、治党治国治军等各个领域，必须立足全局和长远来统筹谋划。习近平总书记强调："全面依法治国是一个系统工程，必须统筹兼顾、把握重点、整体谋划，更加注重系统性、整体性、协同性。"全面依法治国必须坚持系统观念，准确把握全面依法治国工作布局，坚持依法治国、依法执政、依法行政共同推进，法治国家、法治政府、法治社会一体建设。依法治国、依法执政、依法行政是一个有机整体，关键在于党要坚持依法执政、各级政府要坚持依法行政。法治国家、法治政府、法治社会三者各有侧重、相辅相成。全面依法治国，必须着眼全局、统筹兼顾，在共同推进上着力，在一体建设上用劲。

1. 法治国家是法治建设的目标

建设社会主义法治国家是我们党确定的建设社会主义现代化国家的重要目标。习近平总书记指出："一个现代化国家必然是法治国家。"历史和现实都告诉我们，法治兴则国兴，法治强则国强。党的十八届四中全会明确提出，全面推进依法治国，总目标是建设中国特色社会主义法治体系，建设社会主义法治国家。这个总目标既明确了全面推进依法治国的性质和方向，又突出了全面推进依法治国的工作重点和总抓手，对全面推进依法治国具有纲举目张的意义。依法治国各项工作都要围绕这个总目标来部署、来展开。

2. 法治政府是建设法治国家的主体

全面依法治国，法治政府建设要率先突破。习近平总书记强调："推进全面依法治国，法治政府建设是重点任务和主体工程，对法治国家、法治社会建设具有示范带动作用。"各级政府必须坚持在党的领导下、在法治轨道上开展工作，创新执法体制，完善执法程序，推进综合执法，严格执法责任，建立权责统一、权威高效的依法行政体制，加快建设职能科学、权责法定、执法严明、公开公正、智能高效、廉洁诚信、人民满意的法治政府。

3. 法治社会是构筑法治国家的基础

全面依法治国需要全社会共同参与，需要增强全社会法治观念，必须在全社会弘扬社会主义法治精神，建设社会主义法治文化。习近平总书记强调："只有全体人民信仰法治、厉行法治，国家和社会生活才能真正实现在法治轨道上运行。"要在全社会树立法律权威，使人民认识到法律既是保障自身权利的有力武器，也是必须遵守的行为规范，广泛开展依法治理活动，提高社会治理法治化水平，培育社会成员办事依法、遇事找法、解决问题用法、化解矛盾靠法的良好环境。

## 四、全面推进依法治国的重要环节

科学立法、严格执法、公正司法、全民守法是全面推进依法治国的重要环节。全面依法治国是一项长期而重大的历史任务，必须从法治工作实际出发，切实把握好法治建设各环节的工作规律。习近平总书记指出："全面依法治国是国家治理的一场深刻革命，必须坚持厉行法治，推进科学立法、严格执法、公正司法、全民守法。""科学立法、严格执法、公正司法、全民守法"成为指引新时代法治中国建设的"新十六字方针"。

1. 坚持科学立法

法律是治国之重器，良法是善治之前提。习近平总书记强调："人民群众对立法的期盼，已经不是有没有，而是好不好、管用不管用、能不能解决实际问题。"建设中国特色社会主义法治体系，必须坚持立法先行，深入推进科学立法、民主立法、依法立法，提高立法质量和效率，以良法促进发展、保障善治。我们要完善立法规划，突出立法重点，坚持立改废并举，提高立法科学化、民主化水平，提高法律的针对性、及时性、系统性。要完善立法工作机制和程序，扩大公众有序参与，充分听取各方面意见，使法律准确反映经济社会发展要求，更好协调利益关系，发挥立法的引领和推动作用。

2. 坚持严格执法

法律的生命力在于执行，法律的权威也在于执行。习近平总书记指出："如果有了法律而不实施，或者实施不力，搞得有法不依、执法不严、违法不究，那制定再多法律也无济于事。"要加强宪法和法律实施，维护社会主义法制的统一、尊严、权威，形成人们不愿违法、不能违法、不敢违法的法治环境，做到有法必依、执法必严、违法必究。行政机关是实施法律法规的重要主体，要带头严格执法。要加强对执法活动的监督，严禁过度执法、逐利执法、粗暴执法。坚决排除对执法活动的非法干预，坚决防止和克服地方保护主义和部门保护主义。坚决惩治腐败现象，做到有权必有责、用权受监督、违法必追究。要加强行政执法与刑事司法有机衔接，坚决克服有案不移、有案难移、以罚代刑等现象。要健全行政纠纷解决体系，推动构建行政调解、行政裁决、行政复议、行政诉讼有机衔接的纠纷解决机制。

3. 坚持公正司法

公正司法是维护社会公平正义的最后一道防线。各级司法机关要紧紧围绕"努力让人民群众在每一个司法案件中都感受到公平正义"这个要求和目标来改进工作，坚持做到严格司法、规范司法。要改进司法工作作风，通过热情服务切实解决好老百姓打官司过程中遇到的各种难题，特别是要加大对困难群众维护合法权益的法律援助。加大司法公开力度，以回应人民群众对司法公正公开的关注和期待。要深化司法体制和工作机制改革，加强党对司法工作的领导，确保审判机关、检察机关依法独立公正行使审判权、检察权，全面落实司法责任制。健全公安机关、检察机关、审判机关、司法行政机关各司其职，侦查权、检察权、审判权、执行权相互配合、相互制约的体制机制。强化诉讼过程中当事人和其他诉讼参与人的知情权、陈述权、辩护辩论权、申请权、申诉权的制度保障，加强对刑事诉讼、民事诉讼、行政诉讼的法律监督。完善人民监督员制度，依法规范司法人员与当事人、律师、特殊关系人、中介组织的接触、交往行为。

4. 坚持全民守法

习近平总书记指出："全民守法，就是任何组织或者个人都必须在宪法和法律范围内活动，任何公民、社会组织和国家机关都要以宪法和法律为行为准则，依照宪法和法律行使权利或权力、履行义务或职责。"要深入开展法治宣传教育，在全社会弘扬社会主义法治精神，传播法律知识，培养法律意识，在全社会形成宪法至上、守法光荣的良好社会氛围。要引导全体人民遵守法律，有问题依靠法律来解决，使法治成为社会共识和基本准则。要突出普法重点内容，落实"谁执法谁普法"的普法责任制，努力在增强普法的针对性和实效性上下功夫，不断提升全体公民法治意识和法治素养。要坚持法治教育与法治实践相结合，广泛开展依法治理活动，提高社会治理法治化水平。要坚持依法治国和以德治国相结合，把法治建设和道德建设紧密结合起来，把他律和自律紧密结合起来，做到法治和德治相辅相成、相互促进。

## 五、全面依法治国的关键所在

领导干部是全面推进依法治国的重要组织者、推动者、实践者。习近平总书记强调："各级领导干部在推进依法治国方面肩负着重要责任，全面依法治国必须抓住领导干部这个'关键少数'。"各级领导干部具体行使党的执政权和国家立法权、行政权、监察权、司法权，在很大程度上决定着全面依法治国的方向、道路、进度。党领导立法、保证执法、支持司法、带头守法，主要是通过各级领导干部的具体行动和工作来体现、来实现。领导干部对法治建设既可以起到关键推动作用，也可能起到致命破坏作用。各级党组织和党员领导干部要带头厉行法治，不断提高依法执政能力和水平，不断推进各项治国理政活动的制度化、法律化。

1. 领导干部要做尊法学法守法用法的模范

各级领导干部要自觉增强法治意识，带头尊法学法守法用法，带动全党全国一起努力，在建设中国特色社会主义法治体系、建设社会主义法治国家上不断见到新成效。习近平总书记指出："领导干部心中无法、以言代法、以权压法是法治建设的大敌。"领导干部尊不尊法、学不学法、守不守法、用不用法，人民群众看在眼里、记在心上，并且会在自己的行动中效仿。领导干部要做尊法的模范，带头尊崇法治、敬畏法律；要做学法的模范，带头了解法律、掌握法律；要做守法的模范，带头遵纪守法、捍卫法治；要做用法的模范，带头厉行法治、依法办事。

2. 领导干部要提高运用法治思维和法治方式的能力

习近平总书记强调："各级党组织和党员、干部要强化依法治国、依法执政观念，提高运用法治思维和法治方式深化改革、推动发展、化解矛盾、维护稳定、应对风险的能力。"要守法律、重程序，这是法治的第一位要求。要严格在宪法法律范围内活动，严格依照法定权限和程序行使权力，作决策、开展工作多想一想法律的依据、法定的程序、违法的后果，自觉当依法治国的推动者、守护者。领导干部要牢记职权法定，明白权力来自哪里、界线划在哪里，做到法定职责必须为、法无授权不可为。要自觉把保护人民权益作为各项工作的根本出发点和落脚点，从实体、程序、时效上充分体现依法保护人民权益的要求，使法律及其实施有效体现人民意志、保障人民权益、激发人民创造力。

3. 党政主要负责人要履行推进法治建设第一责任人职责

党政主要负责人要履行推进法治建设第一责任人职责，这是推进法治建设的重要组织保证。习近平总书记指出："各级领导干部要把责任担起来，不搞花架子、做表面文章，不能一年开一两次会、讲一两次话了事。党政主要负责人要亲力亲为，不能当甩手掌柜。"各级党政主要负责人要对法治建设重要工作亲自部署、重大问题亲自过问、重点环节亲自协调、重要任务亲自督办。同时，要坚持权责一致，确保有权必有责、有责要担当、失责必追究；坚持以身作则、以上率下，带头尊法学法守法用法。

## 六、依法治国和以德治国相结合

1. 在中国特色社会主义现代化国家的建设过程中，法律和道德都是极其重要的社会规范，都具有规范社会行为、调节社会关系、维护社会秩序的作用。法安天下，法治以其权威性和强制性规范社会成员的行为；德润人心，德治以其说服力和劝导力提高社会成员的思想道德觉悟。国家和社会治理需要二者共同发挥作用。中国特色社会主义法治道路的一个鲜明特点，就是坚持依法治国和以德治国相结合，强调法治和德治两手抓、两手都要硬。这既是历史经验的总结，也是对治国理政规律的深刻把握。

2. 法治和德治不可分离、不可偏废。一方面，必须坚持一手抓法治、一手抓德治，既重视发挥法律的规范作用，又重视发挥道德的教化作用；另一方面，应当推动实现法律和道德相辅相成、法治和德治相得益彰。

（1）以道德滋养法治精神，强化道德对法治文化的支撑作用，把道德要求贯彻到法治建设中

国无德不兴，人无德不立。一个国家的公民道德素质，一定程度上影响和制约着法治进程。大力弘扬社会主义核心价值观，弘扬中华传统美德，培育社会公德、职业道德、家庭美德、个人品德，要把道德建设融入法治建设的各个环节，强化规则意识，倡导契约精神，弘扬公序良俗。一方面，完善与社会主义道德规范相协调的法律体系，同时把社会主义核心价值观贯彻到法律实施过程中；另一方面，应当加强公民道德建设，提升法治工作队伍的思想道德水平，增强法治的道德底蕴。

（2）以法治体现道德理念，强化法律对道德建设的保障作用，发挥法治在解决道德领域突出问题中的作用

习近平总书记指出："法律是底线的道德，也是道德的保障。"要加强相关立法工作，明确对群众反映强烈的失德行为的惩戒措施，通过严格执法、公正司法营造惩恶扬善的社会风气。要根据经济社会发展需要和人民群众的愿望要求，把道德领域的一些突出问题纳入法律调整的范围，加大执法、司法工作力度，弘扬真善美、制裁假恶丑。深入开展法治宣传教育，增强全民法治意识和道德自觉。对突出的诚信缺失问题，既要抓紧建立覆盖全社会的征信系统，又要完善守法诚信褒奖机制和违法失信惩戒机制，使人不敢失信、不能失信。

（3）法律是成文的道德，道德是内心的法律

坚持依法治国和以德治国相结合，既是对古今中外治国经验的深刻总

结，也是对在新的历史起点上坚持和发展中国特色社会主义的现实要求，是坚持走中国特色社会主义法治道路的内在要求。坚持依法治国和以德治国相结合，对于夯实国家治理的制度基础和思想道德基础，实现党和国家长治久安、实现中华民族伟大复兴的中国梦，具有极为重要的现实意义和深远的历史意义。

## 七、坚持建设中国特色社会主义法治体系

中国特色社会主义法治体系，总揽全局、牵引各方，是全面推进依法治国的总抓手。建设中国特色社会主义法治体系，就是要在党的领导下，坚持中国特色社会主义制度，贯彻中国特色社会主义法治理论，全面贯彻实施宪法，维护宪法权威，协同推进立法、执法、司法、守法各环节改革，弘扬社会主义法治精神，维护社会公平正义，全面推进国家各方面工作法治化。

1. 深化立法领域改革，建设完备的法律规范体系

法律是治国之重器，良法是善治之前提。目前，我国法律规范体系还存在着一些问题，比如部分立法不符合客观规律、不能满足人民群众需要，地方保护主义、法律部门化倾向比较严重等。必须完善以宪法为核心的中国特色社会主义法律体系，健全保证宪法全面实施制度体系，建立宪法实施情况报告制度。完善党委领导、人大主导、政府依托、各方参与的立法工作格局。统筹立改废释纂，加强重点领域、新兴领域、涉外领域立法，完善合宪性审查、备案审查制度，提高立法质量。探索区域协同立法。健全党内法规同国家法律法规衔接协调机制。建设全国统一的法律法规和规范性文件信息平台。

2. 深入推进依法行政，建设高效的法治实施体系

法律的生命力在于实施，法律的权威也在于实施。目前，我国在法治实施方面，有法不依、执法不严、违法不究现象比较严重。因此，必须推

进政府机构、职能、权限、程序、责任法定化，促进政务服务标准化、规范化、便利化，完善覆盖全国的一体化在线政务服务平台。完善重大决策、规范性文件合法性审查机制。加强政府立法审查。深化行政执法体制改革，完善基层综合执法体制机制，健全行政执法监督体制机制。完善行政处罚等领域行政裁量权基准制度，推动行政执法标准跨区域衔接。完善行政处罚和刑事处罚双向衔接制度。健全行政复议体制机制。完善行政裁决制度。

3. 健全公正执法司法体制机制，建设严密的法治监督体系

权力是一把双刃剑，不受监督的权力则必然导致腐败。因此，必须加强党内监督、人大监督、民主监督、行政监督、监察监督、司法监督、审计监督、社会监督、舆论监督制度建设，必须加强对权力运行的制约和监督，构建科学有效的权力运行制约和监督体系，增强监督合力和实效。健全监察机关、公安机关、检察机关、审判机关、司法行政机关各司其职，监察权、侦查权、检察权、审判权、执行权相互配合、相互制约的体制机制，确保执法司法各环节全过程在有效制约监督下运行。深化审判权和执行权分离改革，健全国家执行体制，强化当事人、检察机关和社会公众对执行活动的全程监督。

4. 完善推进法治社会建设机制

健全覆盖城乡的公共法律服务体系，深化律师制度、公证体制、仲裁制度、调解制度、司法鉴定管理体制改革。改进法治宣传教育，完善以实践为导向的法学院校教育培养机制。加强和改进未成年人权益保护，强化未成年人犯罪预防和治理，制定专门矫治教育规定。

5. 加强涉外法治建设

建立一体推进涉外立法、执法、司法、守法和法律服务、法治人才培养的工作机制。完善涉外法律法规体系和法治实施体系，深化执法司法国际合作。完善涉外民事法律关系中当事人依法约定管辖、选择适用域外法等司法审判制度。健全国际商事仲裁和调解制度，培育国际一流仲裁机

构、律师事务所。积极参与国际规则制定。

## 八、习近平法治思想的重大意义

习近平法治思想内涵丰富、论述深刻、逻辑严密、系统完备，从历史和现实相贯通、国际和国内相关联、理论和实际相结合上，深刻回答了新时代为什么要实行全面依法治国、怎样实行全面依法治国等一系列重大问题。习近平法治思想是顺应实现中华民族伟大复兴时代要求应运而生的重大理论创新成果，是马克思主义法治理论中国化最新成果，是习近平新时代中国特色社会主义思想的重要组成部分，是全面依法治国的根本遵循和行动指南。

1. 习近平法治思想是马克思主义法治理论同中国法治建设具体实际相结合、同中华优秀传统法律文化相结合的最新成果

习近平法治思想坚持马克思主义立场观点方法，坚持科学社会主义基本原则，植根于中华优秀传统法律文化，借鉴人类法治文明有益成果，在法治理论上实现了一系列重大突破、重大创新、重大发展，同我们党长期形成的法治理论既一脉相承又与时俱进，是马克思主义法治理论中国化的最新成果，为发展马克思主义法治理论作出了重大原创性、集成性贡献。

2. 习近平法治思想是对党领导法治建设丰富实践和宝贵经验的科学总结

习近平法治思想在继承和发扬优良传统的基础上，对我国社会主义法治建设经验进行提炼和升华，以新的高度、新的视野、新的认识赋予中国特色社会主义法治建设事业以新的时代内涵，深刻回答了事关新时代我国社会主义法治建设的一系列重大问题，实现了中国特色社会主义法治理论的历史性飞跃；既是提炼升华党领导法治建设丰富实践和宝贵经验的重大理论创新成果，更是引领新时代全面依法治国不断从胜利走向新的胜利的光辉思想旗帜。

3. 习近平法治思想是在法治轨道上全面建设社会主义现代化国家的根本遵循

习近平法治思想贯穿经济、政治、文化、社会、生态文明建设各个领域，涵盖改革发展稳定、内政外交国防、治党治国治军各个方面，为深刻认识全面依法治国在治国理政中的重要地位提供了科学指引，为依法应对重大挑战、抵御重大风险、克服重大阻力、解决重大矛盾，在法治轨道上推进国家治理体系和治理能力现代化、建设更高水平的法治中国提供了根本遵循。

4. 习近平法治思想是引领法治中国建设实现高质量发展的思想旗帜

习近平法治思想从全面建设社会主义现代化国家的目标要求出发，立足新发展阶段、贯彻新发展理念、构建新发展格局的实际需要，提出了当前和今后一个时期全面依法治国的目标任务，为实现新时代法治中国建设高质量发展提供了强有力的思想武器。要毫不动摇地坚持习近平法治思想在全面依法治国工作中的指导地位，把习近平法治思想贯彻落实到全面依法治国全过程和各方面，不断开创法治中国建设新局面。

## 九、在党的领导下依法治国、厉行法治

党的领导是中国特色社会主义法治之魂。党政军民学、东西南北中，党是领导一切的。习近平总书记强调："党的领导是我国法治同西方资本主义国家法治最大的区别。"坚持党的领导，是社会主义法治的根本要求，是党和国家的根本所在、命脉所在，是全国各族人民的利益所系、幸福所系，是全面推进依法治国的题中应有之义。只有坚持党的领导，人民当家作主才能充分实现，国家和社会生活制度化、法治化才能有序推进。离开了党的领导，全面依法治国就难以有效推进，社会主义法治国家就建不起来。总之，社会主义法治必须坚持党的领导，党的领导必须依靠社会主义法治。

1. 全面依法治国是要加强和改善党的领导

习近平总书记指出："全面推进依法治国是一个系统工程，是国家治理领域一场广泛而深刻的革命。""深刻革命"意味着许多改革事项都是难啃的"硬骨头"，迫切需要党中央层面加强顶层设计、统筹协调，需要各级党委加强对法治工作的组织领导和政治引领。"系统工程"不仅意味着全面依法治国具有复杂性、长期性、艰巨性，涉及经济建设、政治建设、文化建设、社会建设、生态文明建设、国防军队建设、党的建设等领域，涉及改革发展稳定、内政外交国防、治党治国治军各个方面，需要发挥党总揽全局、协调各方的领导核心作用。

2. 坚持党的领导、人民当家作主、依法治国有机统一

把坚持党的领导、人民当家作主、依法治国有机统一起来是我国社会主义法治建设的一条基本经验。其中，党的领导是人民当家作主和依法治国的根本保证；只有坚持党的领导，人民当家作主才能充分实现，国家和社会生活制度化、法治化才能有序推进。人民当家作主是社会主义民主政治的本质特征，人民代表大会制度是坚持党的领导、人民当家作主、依法治国有机统一的根本制度安排。依法治国是党领导人民治理国家的基本方式。总之，三者统一于我国社会主义民主政治伟大实践。

3. 坚持党领导立法、保证执法、支持司法、带头守法

推进全面依法治国，必须把党的领导贯彻落实到全面依法治国全过程和各方面。习近平总书记指出："坚持党的领导，不是一句空的口号，必须具体体现在党领导立法、保证执法、支持司法、带头守法上。"通过领导立法，把党的主张通过法定程序转变为国家意志，从制度上、法律上保证党的路线方针政策得到贯彻；通过保证执法，维护国家法制统一、尊严、权威；通过支持司法，优化司法职权配置，规范司法行为，促进社会公平正义；通过带头守法，引领全民守法，营造全社会学法、尊法、守法、信法、用法的良好风尚。

4.健全党领导全面依法治国的制度和工作机制

习近平总书记强调:"要健全党领导全面依法治国的制度和工作机制,推进党的领导制度化、法治化,通过法治保障党的路线方针政策有效实施。"推进全面依法治国,必须把依法治国基本方略同依法执政基本方式统一起来,把党总揽全局、协调各方同人大、政府、政协、监察机关、审判机关、检察机关依法依章程履行职能、开展工作统一起来,把党领导人民制定和实施宪法法律同党坚持在宪法法律范围内活动统一起来。坚持党的领导,就要善于使党的主张通过法定程序成为国家意志,善于使党组织推荐的人选通过法定程序成为国家政权机关的领导人员,善于通过国家政权机关实施党对国家和社会的领导,维护党和国家权威、维护全党全国团结统一。

总之,社会主义法治必须坚持党的领导,党的领导必须依靠社会主义法治。因此,党自身必须在宪法和法律范围内活动。同时必须强调,坚持党对全面依法治国的领导,是把党作为一个执政整体而言的,而具体到每个党组织、每个领导干部,则都必须服从和遵守宪法法律,而不能以党自居,绝不容许其把党的领导作为个人以言代法、以权压法、徇私枉法的挡箭牌。在党的领导下依法治国、厉行法治,是社会主义法治的根本要求,是协调推进中国特色社会主义法治国家建设的必然选择,是实现"两个一百年"奋斗目标和中华民族伟大复兴中国梦的题中应有之义。

## 十、坚持和完善党和国家监督体系,强化对权力运行的制约和监督

党和国家监督体系是党在长期执政条件下实现自我净化、自我完善、自我革新、自我提高的重要制度保障。必须健全党统一领导、全面覆盖、权威高效的监督体系,增强监督严肃性、协同性、有效性,形成决策科学、执行坚决、监督有力的权力运行机制,确保党和人民赋予的权力始终

用来为人民谋幸福。

1. 健全党和国家监督制度

一方面，要完善党内监督体系，深化纪检监察体制改革，推进纪律监督、监察监督、派驻监督、巡视监督统筹衔接，落实各级党组织监督责任，保障党员监督权利。重点加强对高级干部、各级主要领导干部的监督，完善领导班子内部监督制度。

另一方面，必须以党内监督为主导，健全人大监督、民主监督、行政监督、司法监督、群众监督、舆论监督制度，发挥审计监督、统计监督职能作用，推动各类监督有机贯通、相互协调。

2. 完善权力配置和运行制约机制

首先，在权力配置方面，必须坚持权责法定，健全分事行权、分岗设权、分级授权、定期轮岗制度，明晰权力边界，规范工作流程，强化权力制约。

其次，在权力运行问题上，必须坚持权责透明，推动用权公开，完善党务、政务、司法和各领域办事公开制度，让权力在阳光下运作，建立权力运行可查询、可追溯的反馈机制。同时，坚持权责统一，盯紧权力运行各个环节，完善发现问题、纠正偏差、精准问责有效机制，压减权力设租寻租空间。

3. 构建一体推进不敢腐、不能腐、不想腐体制机制

一方面，必须坚定不移推进反腐败斗争，坚决查处政治问题和经济问题交织的腐败案件，坚决斩断"围猎"和甘于被"围猎"的利益链，坚决破除权钱交易的关系网。

另一方面，深化标本兼治，推动审批监管、工程建设、资源开发、公共财政支出等重点领域监督机制改革和制度建设，推进反腐败国家立法，促进反腐败国际合作。同时，必须加强思想道德和党纪国法教育，巩固和发展反腐败斗争压倒性胜利。

## 十一、坚定不移地推进反腐败斗争

坚定不移地推进反腐败斗争，是全党同志和广大群众的共同愿望，是保证党的肌体健康、充满活力的必要手段。有腐必反、有贪必肃，方能取信于民。习近平总书记指出："腐败是社会毒瘤。如果任凭腐败问题愈演愈烈，最终必然亡党亡国。"古今中外历史上由于执政党腐化堕落、严重脱离群众导致失去政权的例子也不胜枚举。当前腐败现象多发，滋生腐败的土壤存在，党风廉政建设和反腐败斗争形势依然严峻复杂。因此，必须把党风廉政建设和反腐败斗争提高到关系党和国家生死存亡的高度来认识，坚定不移地在法治的轨道上推进反腐败斗争。具体而言，可以从以下三个方面着手，打赢反腐倡廉的攻坚战：

1. 扎牢"不能腐"的笼子，把公权力关进制度的笼子里

推行反腐倡廉，必须坚持立法先行。应当加强反腐败国家立法，加强反腐倡廉党内法规制度建设，从法律上构建起"以权力制约权力、以权利制约权力、以道德制约权力"的权力制约监督体系与机制，把公权力关进制度的笼子里，形成不能腐的防范机制。同时，要统筹发挥国家权力机关的监督、政协的民主监督、人民检察院的法律监督、人民法院对于行政机关行政行为的监督、专门监督机关的监督以及行政机关自我约束与监督的作用，扩大公民对国家和社会事务管理的有序参与，强化人民群众对各级国家机关及其工作人员的广泛监督，同时重视和发挥舆论监督的作用。要从法律上规范各种监督行为，不断提升监督的科学性、合理性、建设性和实效性。

2. 加大"不敢腐"的震慑力，"老虎""苍蝇"一起打

法律的生命力在于实施。必须以猛药去疴、重典治乱的决心，以刮骨疗毒、壮士断腕的勇气，以抓铁有痕、踏石留印的韧劲，深入开展反腐败工作。我国《宪法》明文规定，公民在法律面前一律平等。这就意味着，

在我国，任何人不享有超越宪法与法律的绝对权力，不享有法外的特权，党纪国法面前没有例外。不论权力大小、职位高低，只要违反党纪国法，必定严肃查处、严惩不贷，不以权势大而破规，不以问题小而姑息，不以违者众而放任。坚持"老虎""苍蝇"一起打。要坚持和完善反腐败领导体制和工作机制，发挥好纪检、监察、司法、审计等机关和部门的职能作用，共同推进党风廉政建设和反腐败斗争。

3. 增强"不想腐"的自觉，营造风清气正的良好氛围

正如习近平总书记所指出的，反腐要注重惩治与预防相结合，标本兼治，加强反腐倡廉教育和廉政文化建设，构建反腐倡廉的长效机制。应当以党纪党规教育为抓手，以廉洁文化为依托，加强理想教育、道德教育、文化教育、纪律和法制教育，扎实开展反腐倡廉宣传教育工作。党员干部必须筑牢思想防线，加强主观世界改造，牢固树立正确的世界观、人生观、价值观，加强党性修养，做到持之为明镜、内化为修养、升华为信条，要耐得住寂寞、守得住清贫。进一步加强对法律法规的学习，强化纪律意识、规矩意识、红线意识、底线意识、道德意识，加强自律，提高自我修养，使反腐入脑入心，不断提升自身拒腐防变能力。

总之，反腐败势在必行，但是整体的反腐工作也要在党的领导下稳步有序地开展。绝不允许借着反腐之名质疑党的纯洁性，进而动摇党的领导地位。正如习近平总书记所指出的，坚定不移惩治腐败，正是我们党充满力量的表现。必须站在巩固党的执政地位和实现国家长治久安的战略高度，深刻认识反腐斗争的现实紧迫性和依法反腐的极端重要性，对腐败分子要持续保持高压态势，对腐败现象要始终坚持零容忍态度，有腐必惩、有贪必肃，把反腐败斗争进行到底，为实现"两个一百年"奋斗目标和中华民族伟大复兴的中国梦不懈奋斗。

## 十二、用严格的法律制度保护生态环境

[建设美丽中国，全面推进人与自然和谐共生的现代化]

习近平总书记指出："自然是生命之母，人与自然是生命共同体，人类必须敬畏自然、尊重自然、顺应自然、保护自然。"生态兴则文明兴，生态衰则文明衰。就我国而言，改革开放以来，我国经济发展取得巨大成就，也积累了大量生态环境问题，各类环境污染事件呈高发态势。生态环境问题已经成为全面建成小康社会的突出短板，成为民生之患、民心之痛。于是，扭转环境恶化的趋势、提高环境质量也成了广大人民群众的热切期盼。而我国当前生态环境保护中存在的突出问题，大多同体制不健全、制度不严格、法治不严密、执行不到位、惩处不得力有关。必须把制度建设作为推进生态文明建设的重中之重，深化生态文明体制改革，把生态文明建设纳入制度化、法治化轨道。具体而言，应当从如下三个方面入手：

1. 加快制度创新，增加制度供给，完善制度配套，构建产权清晰、多元参与、激励约束并重、系统完整的生态文明制度体系，为生态文明建设夯实基础。加强生态文明建设，必须坚持立法先行。建立健全自然资源资产产权制度、国土空间开发保护制度、空间规划体系、资源总量管理和全面节约制度、资源有偿使用和生态补偿制度、环境治理体系、环境治理和生态保护市场体系、生态文明绩效评价考核和责任追究制度等法律制度，有效约束人的开发行为，尊重自然、顺应自然、保护自然，促进绿色发展、循环发展、低碳发展，推动形成人与自然和谐发展的现代化建设新格局。

2. 持续深入打好污染防治攻坚战。法律的生命力在于实施。把依法严惩破坏生态环境违法犯罪，作为解决环境问题的重要抓手，确保生态文明建设决策部署落地生根。要强化中央环境保护督察的权威，加强力量配

备，以大环保的视野推动督察工作向纵深发展。要坚持精准治污、科学治污、依法治污，保持力度、延伸深度、拓展广度，深入推进环境污染防治，持续改善生态环境质量。执法和司法，要按照谁污染、谁付费，谁破坏、谁受罚的原则，加大对生产者违法行为的处罚力度，大幅度提高违法成本。改变一罚了之的做法，构成犯罪的，坚决追究刑事责任。全面准确摸排生态环境领域违法犯罪线索，建立打击破坏生态环境违法犯罪长效机制，增强执法效果。

3. 加强对全民环境保护理念的培育和普及，落实领导干部任期生态文明建设责任制，倒逼领导干部转变政绩观和发展观，引领全社会转变生产生活理念，共建良好生态。一些重大生态环境事件的背后，都有领导干部环保意识不强、履职不到位、执行不严格的问题。因此，必须落实领导干部生态文明建设责任制，以动真碰硬的态度进行生态保护，通过一级抓一级、一级带一级，确保环保政策落到实处。同时，对造成生态环境损害负有责任的领导干部，不论是否已经调离、提拔或者退休，都必须严肃追责。

生态文明建设是关系人民福祉、关乎中华民族永续发展的根本大计。习近平总书记指出："我们要像保护自己的眼睛一样保护生态环境，像对待生命一样对待生态环境。"因此，必须把生态环境保护纳入制度化、法治化轨道，用严格的法律制度保护生态环境，以资源环境承载能力为基础，以顺应自然规律为准则，以严格的法律制度为根本，以人与自然和谐为目标，加快生态文明体制改革，着力破解制约生态文明建设的体制机制障碍，为生态文明建设提供可靠保障，群策群力，持之以恒，打赢生态环境保护攻坚战，建设经济发展、政治清明、文化昌盛、社会公正、生态良好的社会主义现代化强国！

### 十三、以新发展理念引领法治中国建设

1. 创新、协调、绿色、开放、共享的发展理念，是推进我国经济社会发展的基本遵循，是法治中国建设的思想指引。创新是引领发展的第一动力，注重的是解决发展动力问题；协调是持续健康发展的内在要求，注重的是解决发展不平衡问题；绿色是永续发展的必要条件和人民对美好生活追求的重要体现，注重的是解决人与自然和谐共生问题；开放是国家繁荣发展的必由之路，注重的是解决发展内外联动问题；共享是中国特色社会主义的本质要求，注重的是解决社会公平正义问题。

2. 对于法治中国建设，新发展理念可以从如下五个方面发挥引领作用：

（1）以新发展理念为指引完善法律体系，将协调发展的理念贯穿于各级各类立法实践中。在全国性法律法规和地方立法的制定中解决不协调问题，明确法律法规的逻辑层次与效力等级，提高立法质量和水平。

（2）以新发展理念为指引建设法治政府。以开放发展理念吸收世界各国法治政府建设经验；以协调发展理念合理规制政府各个部门行使的权力，使之彼此配合、形成合力；以共享发展理念保障全体公民的合法权利。

（3）以新发展理念为指引促进司法公正，吸收世界各国司法权力配置和司法权运作方面的成功经验，概括、尊重并严格遵循司法活动的基本规律，实现司法对社会利益的合理调节、对公权力的有效监督制约和对公民权利特别是基本人权的充分保障。

（4）以新发展理念为指引建设法治社会，坚持发展为了人民、发展依靠人民、发展成果由人民共享；充分调动人民群众的积极性、主动性、创造性；培育更为广泛的社会治理主体，创新多样化的社会治理方式。

（5）以新发展理念为指引完善党内法规，秉持法治精神、法治理念和法治原则，以宪法和法律为依据，进一步提高党内法规的科学化、规范化

水平；加快构建以党章为根本、若干配套党内法规为支撑的党内法规体系，扎紧制度的笼子；形成完善的党内法规体系，努力形成国家法律法规和党内法规制度相辅相成、相互促进、相互保障的格局。

3. 解放和发展社会生产力，是社会主义的本质要求。我们要激发全社会创造力和发展活力，努力实现更高质量、更有效率、更加公平、更可持续的发展。建设法治中国，也必须坚持以新发展理念为引领，不断开创法治建设新局面。

### 十四、保障人民群众参与司法

保障人民群众参与司法对于建设中国特色社会主义法治体系具有重要的理论意义和实践意义。一方面，保障人民群众广泛深入地参与司法，有助于提高人民参与法治建设的积极性；另一方面，人民群众对司法的参与，也是对司法权力运作过程的有力监督，有力地保障社会主义的公平正义。同时，在司法过程中充分有效地保障人民的参与权，也有助于汇聚民智、集中民意，是切实有效地解决社会矛盾、维护社会主义司法的人民性的重要途径。因此，必须采取有力措施保障人民群众参与司法。

1. 进一步完善人民陪审员和人民监督员制度

增加人民陪审员的选任数量，让不同行业、性别、年龄、民族的人员都能参加陪审工作，保证人民陪审员的广泛代表性；调整人民陪审员审判职权，逐步实行人民陪审员不再审理法律适用问题，只参与审理事实认定问题。完善人民监督员制度，进一步明确人民监督员的法律地位、权利义务，重点监督检察机关查办职务犯罪的立案、羁押、扣押冻结财物、起诉等环节的执法活动，丰富监督内容，完善监督程序，促进人民监督员制度健康发展。

2. 深化司法公开，保障人民群众对司法工作的知情权

必须进一步推进审判公开、检务公开、警务公开、狱务公开。依法公

开审判的案件，既要允许群众旁听案件审理的全过程和判决的宣告，也要允许新闻媒体采访报道，将案情公之于众。建立检察机关终结性法律文书公开制度，主动或依申请公开审查、公开答复存在较大争议或在当地有较大影响的案件。积极建设减刑、假释、暂予监外执行网上信息平台，以信息化手段拓展司法公开的广度和深度，促进公开与公正的高度契合。

3. 拓宽人民群众有序参与司法渠道，在司法调解、司法听证、涉诉信访中保障人民群众参与司法活动

人民群众参与司法调解工作，更容易和当事人进行沟通、建立信任、获得认同，促进当事人双方打开心结、化解矛盾。探索司法听证程序，进一步完善相关法律制度，明确司法听证的适用范围、听证程序和法律效力。丰富化解涉诉信访的方法，对依法不能导入司法程序、依法应当终结或者需要复查听证的涉诉信访，可以邀请律师、人大代表、心理咨询师、相关领域专业人员和基层群众代表参与，共同做好释法说理、司法救助、帮扶教育和矛盾化解工作。

总之，必须通过多种途径、多种方式保障人民群众参与司法，确保司法的人民性、公正性、公开性。在此过程中，必须注重参与者的广泛性，努力提高基层群众，特别是工人、农民、进城务工人员、退伍军人、社区居民等群体的参与比例。必须完善相关法律制度，健全相关保障机制，确保参与的有序性和实效性，防止把人民群众参与司法作为走过场的"仪式"、装门面的"花瓶"，使法律为人民所掌握、所遵守、所运用，为法治中国建设提供坚实的群众基础。

### 十五、推进严格司法

司法机关严格司法，是指严格按照法定程序办案，不折不扣地把党领导人民制定的法律实施到位。严格司法是对司法工作的基本要求，是实现

司法公正进而实现社会公平正义的前提和基础，是解决立案难、诉讼难和执行难的具体抓手，是让人民群众信赖法律、树立司法公信和权威的重要举措。

1. 健全保证严格司法的法律制度，完善严格司法的制度机制

坚持以事实为根据、以法律为准绳，健全事实认定符合客观真相、办案结果符合实体公正、办案过程符合程序公正的法律制度。加强和规范司法解释和案例指导，统一法律适用标准，进一步完善制定和发布司法解释和案例指导的工作程序，保证过程公开透明，提高相关工作的规范化水平，为严格、公正司法提供明确的依据。

2. 推进以审判为中心的诉讼制度改革，保证庭审在刑事诉讼中发挥决定性作用

高度重视、切实发挥审判程序的职能作用，促使侦查程序和公诉程序始终围绕审判程序的要求进行，确保侦查程序和公诉程序的办案标准符合审判程序的法定定案标准，从源头上防止事实不清、证据不足的案件或者违反法律程序的案件"带病"进入审判程序，从而有效防范冤假错案，提高办案质量。全面贯彻证据裁判规则，严格依法收集、固定、保存、审查、运用证据，完善证人、鉴定人出庭制度，保证庭审在查明事实、认定证据、保护诉权、公正裁判中发挥决定性作用。

3. 建立健全保障严格司法的办案责任制

推进严格司法，必须建立健全科学的司法权力运行机制，明确各类司法人员工作职责、工作流程、工作标准，对每一类司法人员行使的司法权力和承担的司法责任，作出科学、具体的规定，把每一项司法权力都关进制度的笼子里，做到有权必有责、用权受监督、违法必追究。坚决纠正有法不依、司法不严、违法不究行为。实行办案质量终身负责制和错案责任倒查问责制，确保案件处理经得起法律和历史检验。

## 十六、加强人权的司法保障

在我国，尊重和保障人权，让每一个人享有越来越多的权利和自由，保障人权不受非法侵犯，是社会主义制度的本质要求，是全面建成小康社会的重要目标，是实现中华民族伟大复兴中国梦的重要内容。而司法权力是维护人权的坚强后盾，司法程序是人们依法、理性维权的基本途径，司法机关是保障人权的责任主体，保障人权是司法机关的重要职责。

1. 完善对行政强制措施的司法监督制度，完善防范和纠正刑讯逼供、非法取证和冤假错案的司法监督机制

完善对涉及公民人身、财产权益的行政强制措施的司法监督制度，加大司法机关的监督力度和监督责任，扩大司法监督的主体范围，依法赋予公民对地方或部门行政机关违法设立行政强制措施种类或方式提起行政诉讼的权利。同时，完善对限制人身自由的司法措施和侦查手段的司法监督，加强对刑讯逼供和非法取证的源头预防，健全冤假错案有效防范、及时纠正机制。

2. 强化诉讼权利保障制度，健全落实刑事基本原则的法律制度

强化对诉讼过程中当事人和其他诉讼参与人的知情权、陈述权、辩护辩论权、申请权、申诉权的制度保障。健全落实罪刑法定、疑罪从无、非法证据排除等法律原则的法律制度。一方面，加强司法解释和司法行为规范化建设，把这些基本原则及相关规定全面加以落实；另一方面，适时修改完善刑法、刑事诉讼法等相关法律，把这些原则的精神和要求进一步具体化，形成可操作的法律规则规范。

3. 建立切实解决"执行难"的法律制度，同时保障当事人依法行使申诉权利

制定强制执行法，规范查封、扣押、冻结、处理涉案财物的司法程序。加快建立失信被执行人信用监督、威慑和惩戒法律制度，对暴力抗拒

执行和恶意逃避执行的被执行人，加大曝光和制裁力度，依法保障胜诉当事人及时实现权益。同时，树立保障当事人申诉权利的理念，逐步实行律师代理申诉制度。落实终审和诉讼终结制度，坚决维护终审裁判的权威，防止案件终审不终、该结不结。

### 十七、推进公正司法

司法是维护社会公平正义的最后一道防线，而公正又是司法的灵魂和生命。司法公正对社会公正具有重要引领作用，司法不公对社会公正具有致命破坏作用。公正司法是法治工作永恒的主题、任务和价值追求，没有公正司法，就没有社会的公平正义。努力让人民群众在每一个司法案件中感受到公平正义，是全面推进依法治国的题中应有之义。推进公正司法，提升司法公信力，满足人民对于公平正义的司法需求，需要从以下四个方面着力：

1. 推进公正司法，要坚持司法为民，努力维护人民权益

坚持人民司法为人民，依靠人民推进公正司法，通过公正司法维护人民权益。重点解决好损害人民群众权益的突出问题，决不允许对人民群众的报警求助置之不理，决不允许让普通群众打不起官司，决不允许滥用权力侵犯群众的合法权益，决不允许执法犯法造成冤假错案。加大对困难群众维护合法权益的法律援助。保障人民群众参与司法，完善人民陪审员制度和人民监督员制度，提高相关司法制度的公信力。司法工作者要密切联系群众，回应人民群众对司法公正公开的关注和期待。

2. 推进公正司法，要坚持司法公开，构建开放、动态、透明、便民的阳光司法机制

让司法在阳光下运行，以公开促公正，以公开保廉洁。（总）增强公开的主动性，强化主动接受监督的意识。（观念）积极推进审判公开、检务公开、警务公开、狱务公开。（主体）建立生效法律文书统一上网和公

开查询制度，以信息化手段拓展司法公开广度和深度。（方式）依法及时公开执法司法的依据、程序、流程、结果和裁判文书。（内容）藉由司法公开，让暗箱操作没有空间，让司法腐败无处藏身，让公平正义照耀人民心田。（效果）

3. 推进公正司法，必须深化司法体制改革

要坚持司法体制改革的正确政治方向，坚持党的领导。推进以审判为中心的诉讼制度改革，让审理者裁判，由裁判者负责，倒逼法官提高公正司法的能力。完善司法体制，推动实行审判权和执行权相分离的体制改革试点。改革司法机关人财物管理体制，探索实行法院、检察院司法行政事务管理权和审判权、检察权相分离。改革法院案件受理制度，变立案审查制为立案登记制，保障当事人的诉权。加强司法体制与纪检监察机制建设有机衔接，促进公正司法。要按照权责统一、权力制约、公开公正、尊重程序的要求，着力破解体制性、机制性、保障性障碍，不断提高司法公信力。

4. 推进公正司法，必须维护司法的独立性，加强对司法活动的监督，落实司法责任制

健全落实罪刑法定、疑罪从无、非法证据排除等法律原则的法律制度，完善对限制人身自由司法措施和侦查手段的司法监督，加强对刑讯逼供和非法取证的源头预防，防范冤假错案的发生。依法规范司法人员与当事人、律师、特殊关系人、中介组织的接触、交往行为，防止利益输送。规范媒体对案件的报道，防止舆论影响司法。推行司法责任制，遵循"谁办案谁负责"的原则，推动构建权责明晰、权责统一的司法权力运行机制。完善办案质量终身负责制和错案责任倒查问责制，从根本上、源头上有效预防冤假错案，确保公正司法。

一次不公正的审判，其恶果甚至超过十次犯罪。一次犯罪好比污染了水流，而不公正的审判则毁坏法律——好比污染了水源。因此，公正司法是依法治国的灵魂，是构建和谐社会的基础。扎实推进公正司法，严格依

法办案，使司法公正以群众看得见、摸得着、感受得到的方式实现，贯彻人民司法为人民的理念，为实现中华民族伟大复兴的中国梦提供有力的司法保障。

## 十八、坚持和完善统筹城乡的民生保障制度

民生问题事关我国社会主义现代化建设事业的兴衰成败：解决得好，则民富国强；解决得不好，则民贫国弱。同时，增进人民福祉，提高人民群众的幸福感、获得感、安全感，既是我们党执政的目标，也构成了对党执政能力和执政水平的重大考验。因此，必须坚持和完善统筹城乡的民生保障制度。

1. 健全高质量的就业保障制度

就业是民生之本。人民的基本生活得到了保障，社会才会稳定，经济才能发展。推进就业保障，必须加大对农村和农民群体的扶持力度，为农村剩余劳动力创造更多的就业岗位。必须健全就业服务和技术技能培训制度，提高就业人员的知识水平和劳动技能。同时，有必要加强对企业的监督管理制度，构建和谐的劳动关系，保障劳动者的合法权益不被侵犯。

2. 完善全民的社会保障体系

坚持和完善促进男女平等、妇女全面发展的制度机制。健全统筹城乡、可持续的基本养老保险制度、基本医疗保险制度，稳步提高保障水平。进一步完善农村留守儿童和妇女、老年人关爱服务体系，健全帮扶制度。坚决打赢脱贫攻坚战，巩固脱贫攻坚成果，建立解决相对贫困的长效机制。

3. 强化提高人民健康水平保障制度

坚持以基层为重点、预防为主、防治结合，健全基本医疗卫生制度，提高公共卫生服务、医疗服务、医治保障水平。加强公共卫生防疫和重大传染病防控，健全重特大疾病医疗保险和救助制度。优化生育政策，

提高人口质量。积极应对人口老龄化，加快建设居家社区机构相协调、医养康养相结合的养老服务体系。增强人民体质，健全促进全民健身制度性举措。

总之，通过完善就业、社会保障、医疗卫生、教育、公共服务等诸多方面的制度体系，加强制度落实，尽力而为、量力而行，实现幼有所育、学有所教、劳有所得、病有所医、老有所养、住有所居、弱有所扶，满足人民群众多层次、多样化的需求，使改革发展成果更普遍、更公平地惠及全体人民。

## 十九、中国特色社会主义法治道路是建设社会主义法治国家的唯一正确道路

[道路自信]

推进全面依法治国，必须走对路。南辕北辙的寓言告诉我们，做任何事情，都要首先认准方向、找准道路，否则就会事与愿违，犯根本性的错误。法治建设更是如此。如果路走错了，那再提什么要求和举措也都没有意义了。在法治问题上，没有最优模式，也没有"标准版本"，只有适合自己的才是最好的。中国特色社会主义法治道路是社会主义法治建设成就和经验的集中体现，是建设社会主义法治国家的唯一正确道路。习近平总书记指出："具体讲我国法治建设的成就，大大小小可以列举出十几条、几十条，但归结起来就是开辟了中国特色社会主义法治道路这一条。"

1. 走这条法治道路，是历史的必然结论

要不要走法治道路、走什么样的法治道路，是近代以来中国人民面临的历史性课题。鸦片战争后，许多仁人志士也曾想变法图强，但都以失败告终，法治只是镜花水月。我们党在领导中国人民进行新民主主义革命和社会主义现代化建设的过程中，深刻总结法治建设正反两方面的经验教训，不断探索，最终走出了一条中国特色社会主义法治道路。历史和现实

充分证明，这条道路走得通、走得对、走得好。只有坚定走这条道路，才能建设社会主义法治国家，为全面建设社会主义现代化国家、实现中华民族伟大复兴的中国梦提供有力法治保障。

2. 走这条法治道路，是由我国社会主义国家性质所决定的

我国《宪法》总纲第 1 条就明确规定，社会主义制度是中华人民共和国的根本制度。这一根本制度保证了人民当家作主的主体地位，也保证了人民在全面依法治国中的主体地位，这是我们的制度优势。中国特色社会主义法治道路坚持人民主体地位，坚持法律面前人人平等，能够保证人民在党的领导下，依照法律规定，通过各种途径和形式，管理国家事务，管理经济和文化事业，管理社会事务，本质上是中国特色社会主义道路在法治领域的具体体现。只有始终坚持以人民为中心，才能真正实现法治保障人民权益的根本目的。

3. 走这条法治道路，是立足我国基本国情的必然选择

"为国也，观俗立法则治，察国事本则宜。"世界上没有放之四海而皆准的法治道路。走什么样的法治道路，脱离不开一个国家的基本国情。就我们这个 14 亿人口的社会主义大国而言，要在较短时间内建成法治国家，没有可以奉为金科玉律的教科书，也没有可以对中国人民颐指气使的教师爷。我们有我们的历史文化传统，也有我们自己长期积累的经验和优势。中国特色社会主义法治道路的一个鲜明特点，就是汲取我国古代德刑相辅、儒法并用等思想精华，始终坚持依法治国和以德治国相结合。特殊的国情、特殊的法律文化决定了我们必须坚持从实际出发，走自己的法治道路。从国情实际出发，不等于关起门来搞法治，我们要坚持以我为主、为我所用，认真鉴别、合理吸收世界上优秀的法治文明成果。

总之，走好这条法治道路，必须头脑清醒、立场坚定。每一条法治道路底下都有一种政治立场，每一种法治模式当中都有一种政治逻辑。中国特色社会主义法治道路的核心要义，就是要坚持党的领导，坚持中国特色社会主义制度，贯彻中国特色社会主义法治理论，这充分体现了我国社会

主义性质，具有鲜明的中国特色、实践特色、时代特色。在走什么样的法治道路这个根本问题上，我们决不照搬照抄别国模式和做法，决不走西方"宪政""三权鼎立""司法独立"的路子，要树立自信、保持定力，在中国特色社会主义法治道路上坚毅前行。

### 二十、依法维权和化解纠纷

有效维护群众权益、妥善化解矛盾纠纷，是我们党治国理政面临的重要课题，是新的形势任务对党和政府提出的重大要求。在推进社会主义法治建设的进程中，必须建立健全依法维权和化解纠纷机制，推动形成运用法律手段、通过法律渠道、依照法律程序维护权益、化解纠纷的社会氛围。

1. 建立健全社会公平保障体系，完善立体化社会治安防控体系

要大力推进以权利公平、机会公平、规则公平为主要内容的社会公平保障体系建设，推动解决保障和改善民生的突出问题，确保幼有所学、壮有所为、病有所医、老有所养、住有所居，让人民群众共享改革发展成果。同时，正如习近平总书记所指出的："平安是人民幸福安康的基本要求，是改革发展的基本前提。"必须着力构建立体化社会治安防控体系建设格局，健全立体化社会治安防控网，有效防范化解管控影响社会安定的问题，维护社会治安秩序。

2. 建立健全社会矛盾预警机制、群众利益表达维护机制和协商沟通机制，完善社会救济救助机制

必须坚持源头治理、标本兼治、重在治本，大力加强基层组织建设，建立政府决策听证制度，完善人大代表联系群众机制，了解群众疾苦，倾听群众呼声，反映群众利益诉求，及时发现和掌握社会矛盾线索。构建程序合理、环节完整的协商民主体系，拓宽协商渠道，充分发挥协商民主在群众利益表达和协商沟通中的独特作用。完善最低工资、最低生活保障制

度，健全农村留守儿童、妇女、老年人关爱服务体系，健全残疾人权益保障等制度，发展慈善事业，完善法律援助制度。

3. 健全社会矛盾纠纷预防化解机制

法治社会不是没有矛盾纠纷的社会，而是矛盾纠纷出现后能够得到及时有效解决的社会。要建立健全社会矛盾纠纷预防机制，开展重大决策社会稳定风险评估，有效降低执政风险，促进科学、民主、依法决策。建立完善多元化纠纷解决机制，充分发挥人民调解、仲裁、行政复议、行政裁决、诉讼等不同纠纷解决制度的优势，引导当事人根据矛盾纠纷的性质和类型选择最适当的纠纷解决途径，提升纠纷化解的数量和质量，依法妥善化解矛盾纠纷，促进社会和谐稳定。

## 二十一、坚持全面依法治国、推进法治中国建设

全面依法治国是国家治理的一场深刻革命，关系党执政兴国，关系人民幸福安康，关系党和国家长治久安。必须在法治轨道上全面建设社会主义现代化国家，发挥法治固根本、稳预期、利长远的保障作用，围绕保障和促进社会公平正义，坚持依法治国、依法执政、依法行政共同推进，坚持法治国家、法治政府、法治社会一体建设，全面推进科学立法、严格执法、公正司法、全民守法，全面推进国家各方面工作法治化。

1. 推进科学立法，完善以宪法为核心的中国特色社会主义法律体系

法律是治国之重器，良法是善治之前提。习近平总书记强调："把权力关进制度的笼子里，首先要建好笼子。"一方面，坚持依法治国首先要坚持依宪治国，坚持依法执政首先要坚持依宪执政，必须加强宪法实施和监督，维护宪法权威；另一方面，在新时代，必须加强党对立法工作的领导，完善立法体制机制，深入推进科学立法、民主立法、依法立法，统筹立改废释纂，突出立法重点，加强重点领域立法，以良法促进发展、保障善治。

2. 扎实推进依法行政

法治政府建设是全面依法治国的重点任务和主体工程。习近平总书记指出："天下之事，不难于立法，而难于法之必行。"必须转变政府职能，优化政府职责体系和组织结构，推进机构、职能、权限、程序、责任法定化，提高行政效率和公信力。必须坚持在党的领导下，创新执法体制，改变执法工作作风，全面推进严格规范公正文明执法，完善执法程序，依法推进政府信息公开，加强对执法活动的监督，加快建设职能科学、权责法定、执法严明、公开公正、智能高效、廉洁诚信、人民满意的法治政府。

3. 严格公正司法

公正司法是维护社会公平正义的最后一道防线。习近平总书记指出："所谓公正司法，就是受到侵害的权利一定会得到保护和救济，违法犯罪活动一定要受到制裁和惩罚。"因此，必须加强党对司法工作的领导，深化司法体制和工作机制改革，规范司法行为，加强对刑事诉讼、民事诉讼、行政诉讼的法律监督，全面准确落实司法责任制，加快建设公正高效权威的社会主义司法制度，努力让人民群众在每一个司法案件中感受到公平正义。

4. 加快建设法治社会

法治社会是构筑法治国家的基础。习近平总书记指出："法律要发挥作用，需要全社会信仰法律。"因此，必须弘扬社会主义法治精神，传承中华优秀传统法律文化，引导全体人民做社会主义法治的忠实崇尚者、自觉遵守者、坚定捍卫者。必须深入开展法治宣传教育，在全社会弘扬社会主义法治精神，传播法律知识，培养法律意识，在全社会形成宪法至上、守法光荣的良好社会氛围。抓住领导干部这个关键少数，各级领导干部要以身作则、以上率下，带头守法，做尊法学法守法用法的模范。

## 二十二、"党大还是法大"是个伪命题

在推进全面依法治国的进程中，有些人会产生这样的疑惑：中国共产党是领导核心，但又强调宪法法律至上，那么党的领导和法治之间到底是什么关系？有人就此提出所谓"党大还是法大"的问题。少数人别有用心地炒作这一命题，其"醉翁之意不在酒"，实质是把党的领导和法治割裂开来、对立起来，最终达到否定、取消党的领导，否定中国特色社会主义制度的目的。这种观点在思想上是错误的，在政治上是十分危险的。习近平总书记一针见血地指出："'党大还是法大'是一个政治陷阱，是一个伪命题。"在这个问题上，我们决不能含糊其词、语焉不详，必须讲清楚、讲透彻，做到正本清源、明辨是非。

1. 党和法、党的领导和依法治国是高度统一的

党和法的关系是一个根本问题，法是党的主张和人民意愿的统一体现，党既领导人民制定宪法法律，也领导人民实施宪法法律，党自身必须在宪法法律范围内活动。习近平总书记强调："党的领导是中国特色社会主义最本质的特征，是社会主义法治最根本的保证。把党的领导贯彻到依法治国全过程和各方面，是我国社会主义法治建设的一条基本经验。"这一论断抓住了党和法关系的要害。依法治国是我们党提出来的，把依法治国上升为党领导人民治理国家的基本方略也是我们党提出来的，党一直带领人民深入推进依法治国，善于通过党的政策指导国家立法、执法、司法活动，国家和社会生活法治化有序推进。历史和实践证明，党和法的关系处理得好，则法治兴、党兴、国家兴；处理得不好，则法治衰、党衰、国家衰。在社会主义国家，法治必须坚持党的领导，党的领导必须依靠法治。党和法不存在谁大谁小的问题，不能简单比较。

2. 党和法的关系是政治和法治关系的集中反映

法治当中有政治，没有脱离政治的法治。不同性质的政治制度决定了

不同形态的法治体系。我国是人民民主专政的社会主义国家，党的领导是中国特色社会主义法治之魂，这是我们的法治同西方资本主义国家的法治最大的区别。离开了中国共产党的领导，中国特色社会主义法治体系、社会主义法治国家就建不起来。我们推进全面依法治国，绝不是要虚化、弱化甚至动摇、否定党的领导，而是为了进一步巩固党的执政地位、改善党的执政方式、提高党的执政能力，保证党和国家长治久安。对于那些故意"挖坑""设陷阱"的形形色色论调，一定要有战略定力，旗帜鲜明地宣示政治立场、表明政治态度。要始终坚持在党的领导下依法治国、厉行法治，加强党对全面依法治国的集中统一领导，坚持"三统一""四善于"，健全党领导全面依法治国的制度和工作机制，推进党的领导制度化、法治化，通过法治保障党的路线方针政策有效实施。

3. 我们说不存在"党大还是法大"的问题，是把党作为一个执政整体而言的，是就党的执政地位和领导地位而言的，具体到每个党政组织、每个领导干部，就必须服从和遵守宪法法律，就不能以党自居，就不能把党的领导作为个人以言代法、以权压法、徇私枉法的挡箭牌。这个界线一定要划分清楚。如果说"党大还是法大"是一个伪命题，那么对各级党政组织、各级领导干部来说，"权大还是法大"则是一个真命题。纵观人类政治文明史，权力是一把双刃剑，在法治轨道上行使可以造福人民，在法律之外行使则必然祸害国家和人民。各级党政组织、各级领导干部手中的权力是党和人民赋予的，是上下左右有界受控的，不是可以为所欲为、随心所欲的。要把厉行法治作为治本之策，把权力运行的规矩立起来、讲起来、守起来，真正做到谁把法律当儿戏，谁就必然要受到法律的惩罚。

总之，"善禁者，先禁其身而后人；不善禁者，先禁人而后身"。领导干部具体行使党的执政权和国家立法权、行政权、监察权、司法权，是全面依法治国的关键。各级领导干部要做尊法学法守法用法的模范，不断提高运用法治思维和法治方式深化改革、推动发展、化解矛盾、维护稳定、应对风险的能力，以实际行动带动全社会弘扬社会主义法治精神，建设社会主义法治文化，不断增强人民群众对法律的内心拥护和真诚信仰，使全体人民都成为社会主义法治的忠实崇尚者、自觉遵守者、坚定捍卫者。

## 二十三、社会治理法治化

在法治轨道上推进社会治理，是全面依法治国的重要内容，也是建设法治社会的必然要求，是推进国家治理体系和治理能力现代化的题中应有之义。习近平总书记指出："人类社会发展的事实证明，依法治理是最可靠、最稳定的治理。"全面依法治国必须坚持法治教育与法治实践相结合，广泛开展依法治理活动，坚持系统治理、依法治理、综合治理、源头治理，提高社会治理法治化水平。

1. 推进社会治理法治化，必须发动群众、依靠群众，坚持以人民为中心

推进社会治理法治化的最终目的，是更好地实现好、维护好、发展好最广大人民群众的根本利益，使广大人民群众共享法治红利。要以新发展理念为指引建设法治社会，坚持发展为了人民、发展依靠人民、发展成果由人民共享；充分调动人民群众的积极性、主动性、创造性；培育更为广泛的社会治理主体，创新多样化的社会治理方式。建立健全代表反映人民群众意见和诉求的处理反馈机制，拓宽和畅通社情民意表达和反映渠道，发挥人大代表桥梁纽带作用，强化立法和政策的民意基础。

2. 坚持依法治国和以德治国相结合，实现"法治、德治、自治"有机统一

首先要坚持以法治引领社会治理，运用现代法治理念凝聚群众共识，并通过法治思维和法治方式来推动社会发展，实现和谐稳定。同时，注重发挥道德在规范人们行为、调节社会关系中的重要作用，以群众性道德创

建与文化活动弘扬公序良俗，夯实法治的道德底蕴。此外，还要发挥群众自治在社会治理中的积极作用，强化自治组织作用，规范自治实践，丰富自治形式，创新自治内容，引导群众依法合理表达利益诉求和有序参与社会事务，从而激发社会活力。

3. 健全社会矛盾纠纷预防化解机制

法治社会不是没有矛盾纠纷的社会，而是矛盾纠纷出现后能够得到及时有效解决的社会。要建立健全社会矛盾纠纷预防机制，开展重大决策社会稳定风险评估，有效降低执政风险，促进科学、民主、依法决策。建立完善多元化纠纷解决机制，充分发挥人民调解、仲裁、行政复议、行政裁决、诉讼等不同纠纷解决制度的优势，引导当事人根据矛盾纠纷的性质和类型选择最适当的纠纷解决途径，提升纠纷化解的数量和质量，依法妥善化解矛盾纠纷，促进社会和谐稳定。

## 二十四、坚持依法治军、从严治军

依法治军、从严治军，是我们党建军治军的基本方略。深入推进依法治军、从严治军，是全面依法治国总体部署的重要组成部分，是实现强军目标的必然要求。习近平总书记指出："国家要依法治国，军队要依法治军。"一个现代化国家必然是法治国家，一支现代化军队必然是法治军队。

1. 党对军队绝对领导是依法治军的核心和根本要求

深入推进依法治军、从严治军，必须紧紧围绕党在新时代的强军目标，着眼全面加强革命化、现代化、正规化建设，坚持党对军队绝对领导，坚持战斗力标准，坚持官兵主体地位，坚持依法和从严相统一，坚持法治建设与思想政治建设相结合，创新发展依法治军理论和实践，构建完善的中国特色军事法治体系，提高国防和军队建设法治化水平。

2. 深入推进依法治军、从严治军，要求我们的治军方式发生一场深刻变革

习近平总书记指出："军队越是现代化，越是信息化，越是要法治化。"在信息网络时代，战争过程日益科学化，军队建设、管理和作战行动更加强调标准化、规范化、精细化。这就要对军队各方面进行严格规范，建立一整套符合现代军事发展规律、体现我军特色的科学的组织模式、制度安排和运作方式，推动军队正规化建设向更高水平发展。各级要严格按照法定职责权限抓好工作，努力实现三个根本性转变，即从单纯依靠行政命令的做法向依法行政的根本性转变，从单纯靠习惯和经验开展工作的方式向依靠法规和制度开展工作的根本性转变，从突击式、运动式抓工作的方式向按条令条例办事的根本性转变，在全军形成党委依法决策、机关依法指导、部队依法行动、官兵依法履职的良好局面。

3. 军无法不立，法无严不威

要直面问题，围绕构建系统完备、严密高效的军事法规制度体系、军事法治实施体系、军事法治监督体系、军事法治保障体系，抓好军事法治建设重点任务落实。要用强军目标审视和引领军事立法，提高军事法规制度的针对性、系统性、操作性。军事法规制度建设必须同国家法律体系建设进程相协调，同我军建设、改革和军事斗争准备实践相适应。要加强同国家立法工作的衔接，突出加强改革急需、备战急用、官兵急盼的军事法规制度建设，健全完善实在管用、系统配套的中国特色军事法规制度体系。要推进军事法规制度建设集成化、军事法规法典化，推进军事司法制度改革。要坚持严字当头，强化执纪执法监督，严肃追责问责，把依法从严贯穿国防和军队建设各领域全过程，真正使铁规生威、铁纪发力。要抓住治权这个关键，构建严密的权力运行制约和监督体系，切实把权力关进制度的笼子里。

4. 强化全军法治信仰和法治思维

深入推进依法治军、从严治军，首先要让法治精神、法治理念深入人

心，使全军官兵信仰法治、坚守法治。没有这一条，依法治军、从严治军是难以推进的。要在全军深入开展法治宣传教育，把法治教育训练纳入部队教育训练体系，把培育法治精神作为强军文化建设的重要内容，引导广大官兵将法治内化为政治信念和道德修养，外化为行为准则和自觉行动。依法治军的关键是依法治官、依法治权。领导干部要自觉培养法治思维，带头尊法学法守法用法，做到心有所畏、言有所戒、行有所止。要按规则正确用权、谨慎用权、干净用权。

5. 锻造法纪严、风气正的过硬基层

以严明的法治和纪律，凝聚铁的意志、锤炼铁的作风、锻造铁的队伍。全面落实依法治军、从严治军方针，贯彻条令条例，坚持按纲抓建。对基层建设有关政策制度进行全面梳理，搞好科学论证，做好立改废释工作。严格管理部队，坚持严格要求同热情关心相结合，坚持纪律约束同说服教育相结合，确保部队高度集中统一和安全稳定。把正风肃纪反腐压力传导到基层，深入纠治官兵身边的"微腐败"和不正之风，把基层搞得清清爽爽。

# 第 7 部分 综合案例

## 案例 1　法治和改革的关系

**材料一：** 改革和法治如鸟之两翼、车之两轮，相互依存、缺一不可。要以改革之力完善法治，进一步深化法治领域改革，不断完善中国特色社会主义法治体系。进一步拓展法治作用空间，更好发挥法治在排除改革阻力、巩固改革成果中的积极作用。善于运用法治思维和法治方式推进改革，维护法治权威，做到重大改革于法有据。坚持法律面前人人平等，平等保护公民、法人和其他组织合法权益，不能搞选择性执法，更不能搞法外开恩。

——摘自习近平：《在省部级主要领导干部学习贯彻党的二十届三中全会精神专题研讨班开班式上的讲话》

**材料二：** 改革和法治相辅相成、相伴而生。我国历史上的历次变法，都是改革和法治紧密结合，变旧法、立新法，从战国时期商鞅变法、宋代王安石变法到明代张居正变法，莫不如此。我国改革进入了攻坚期和深水区，改革和法治的关系需要破解一些新难题，也亟待纠正一些认识上的误区。

——摘自习近平：《在省部级主要领导干部学习贯彻党的十八届四中全会精神全面推进依法治国专题研讨班上的讲话》

**材料三：** 党的二十大对深化机构改革作出重要部署，对于全面建设社会主义现代化国家、全面推进中华民族伟大复兴意义重大而深远。必须以习近平新时代中国特色社会主义思想为指导，以加强党中央集中统一领导为统领，以推进国家治理体系和治理能力现代化为导向，坚持稳中求进工作总基调，适应统筹推进"五位一体"总体布局、协调推进"四个全面"战略布局的要求，适应构建新发展格局、推动高质量发展的需要，坚持问题导向，统筹党中央机构、全国人大机构、国务院机构、全国政协机构，统筹中央和地方，深化重点领域机构改革，推动党对社会主义现代化建设的领导在机构设置上更加科学、在职能配置上更加优化、在体制机制上更加完善、在运行管理上更加高效。

——二十届二中全会公报

**问题**

根据以上材料，结合全面深化改革的总目标，试论述在新时代推进全面依法治国的过程中，正确理解和处理法治与改革之间关系的意义和措施。（35分）

**答题要求：**

1. 无观点或论述、照搬材料原文的不得分；
2. 观点正确，表述完整、准确；
3. 总字数不得少于600字。

## 答题区

# 理论法 采分有料 2025年国家法律职业资格考试 主观题

[600字答题格子]

范文及评分

| 评分标准 | 范文 |
|---|---|
| 辅论题部分（8分）"全面深化改革的总目标"的介绍 | 全面深化改革，是社会主义制度的自我完善和发展，是坚持和加强党的全面领导的必然要求，也是推进国家治理体系和治理能力现代化的重大举措。（定性：3分）进一步全面深化改革的总目标是继续完善和发展中国特色社会主义制度，推进国家治理体系和治理能力现代化。（总目标：3分）到2035年，全面建成高水平社会主义市场经济体制，中国特色社会主义制度更加完善，基本实现国家治理体系和治理能力现代化，基本实现社会主义现代化，为到本世纪中叶全面建成社会主义现代化强国奠定坚实基础。（2035年目标：2分） |

续表

| 评分标准 | | 范　　文 |
|---|---|---|
| 主论题部分（27分） | 正确处理法治与改革之间关系的意义（5分） | 　　在全面深化改革和全面依法治国共同推进的新形势下，法治和改革如鸟之两翼、车之双轮，相伴而生、相辅相成。（宏观综述：1分）其中，法治意味着稳定性，稳定是中国特色社会主义现代化建设的前提；而改革是中国特色社会主义现代化建设的动力，是社会主义制度的自我完善和发展。（分述：2分）党的十八大以来，习近平总书记就改革和法治的关系作出了一系列重要论述，强调全面深化改革需要法治保障，全面推进依法治国也需要深化改革，把法治改革纳入全面深化改革的总体部署。（领袖语录：2分） |
| | 处理法治与改革之间关系的措施（20分） | 　　第一，在法治的轨道上推进改革，发挥法治对改革的引领和推动作用。（小标题：2分）在法治的轨道上推进改革，以法治凝聚改革共识、以法治引领改革方向、以法治规范改革进程、以法治化解改革风险、以法治巩固改革成果。健全完善中国特色社会主义法治体系，为改革提供支持和保障；确保重大改革于法有据，增强改革的正当性，不允许随意突破法律红线。要有序推进改革，对实践条件还不成熟、需要先行先试的，要按照法定程序作出授权，在若干地区开展改革试点，不允许简单以现行法律没有依据为由迟滞改革。要切实提高运用法治思维和法治方式推进改革的能力和水平，要善于运用法治思维和法治方式想问题、作判断、出措施。（具体展开：3分）<br>　　第二，在改革的过程中完善法治。（小标题：2分）法与时转则治。法治活动也要主动适应改革发展的需要，积极发挥引导、推动、规范、保障改革的作用。对实践证明已经比较成熟的改革 |

续表

| 评分标准 | | 范文 |
|---|---|---|
| 主论题部分<br>（27分） | 处理法治与改革之间关系的措施<br>（20分） | 经验和行之有效的改革举措，要尽快上升为法律；对部门间争议较大的重要立法事项，要加快推动和协调，不能久拖不决；对不适应改革要求的现行法律法规，要及时修改或废止，不能让一些过时的法律条款成为改革的"绊马索"。（具体展开：3分）<br><br>第三，善于通过改革和法治推动贯彻落实新发展理念。（小标题：2分）习近平总书记指出："要深入分析新发展理念对法治建设提出的新要求，深入分析贯彻落实新发展理念在法治领域遇到的突出问题，有针对性地采取对策措施，运用法治思维和法治方式贯彻落实新发展理念。"（领袖语录：1分）立足新发展阶段，必须坚持以法治为引领，坚决纠正"发展要上、法治要让"的认识误区，杜绝立法上"放水"、执法上"放弃"的乱象，用法治更好地促进发展，实现经济高质量发展。（具体展开：2分）<br><br>第四，法治领域也必须深化改革。（小标题：2分）当前法治领域存在的一些突出矛盾和问题，原因在于改革还没有完全到位。（存在的问题：1分）要围绕让人民群众在每一项法律制度、每一个执法决定、每一宗司法案件中都感受到公平正义这个目标，深化司法体制综合配套改革，加快建设公正高效权威的社会主义司法制度。要健全社会公平正义法治保障制度，完善公益诉讼制度，健全执法权、监察权、司法权运行机制，加强权力制约和监督。要深化执法司法人员管理体制改革，加强法治专门队伍管理教育和培养，着力建设一支忠于党、忠于国家、忠于人 |

续表

| 评分标准 | | 范文 |
| --- | --- | --- |
| 主论题部分（27分） | 处理法治与改革之间关系的措施（20分） | 民、忠于法律的社会主义法治工作队伍。要深化政法队伍教育整顿，继续依法打击执法司法领域腐败行为，推动扫黑除恶常态化。（具体展开：2分） |
| | 收尾总结（2分） | 　　总之，在社会主义现代化建设的过程中，必须正确认识和处理法治和改革的关系，坚持改革决策和立法决策相统一、相衔接，确保改革和法治同步推进，增强改革的穿透力。必须认识到，无论是法治，还是改革，都是为了发展，发展是中国特色社会主义现代化建设的目的，是硬道理。改革、发展、稳定三者之间相互依存、互为条件，共同统一于中国特色社会主义现代化建设的伟大事业之中。 |

# 案例2 统筹内外

**材料一：** 当前，世界之变、时代之变、历史之变正以前所未有的方式展开。中国坚定奉行独立自主的和平外交政策，坚持在和平共处五项原则基础上同各国发展友好合作，坚持对外开放的基本国策。中国人民愿同世界人民携手开创人类更加美好的未来！

——摘自习近平：《高举中国特色社会主义伟大旗帜　为全面建设社会主义现代化国家而团结奋斗——在中国共产党第二十次全国代表大会上的报告》

**材料二：** 当今世界是一荣俱荣、一损俱损的命运共同体。各国人民企盼的，不是"新冷战"，不是"小圈子"，而是一个持久和平、普遍安全的世界，一个共同繁荣、开放包容、清洁美丽的世界。这是历史前进的逻辑、时代发展的潮流。面对风高浪急甚至惊涛骇浪的考验，各国要秉持正确的世界观、历史观、大局观，把构建人类命运共同体的理念转化为行动、愿景转化为现实。

——摘自习近平：《在约翰内斯堡金砖国家工商论坛闭幕式上的致辞》

**材料三：** 新的征程上，我们必须高举和平、发展、合作、共赢旗帜，奉行独立自主的和平外交政策，坚持走和平发展道路，推动建设新型国际关系，推动构建人类命运共同体，推动共建"一带一路"高质量发展，以中国的新发展为世界提供新机遇。中国共产党将继续同一切爱好和平的国家和人民一道，弘扬和平、发展、公平、正义、民主、自由的全人类共同价值，坚持合作、不搞对抗，坚持开放、不搞封闭，坚持互利共赢、不搞零和博弈，反对霸权主义和强权政治，推动历史车轮向着光明的目标前进！

——摘自习近平：《在庆祝中国共产党成立100周年大会上的讲话》

## 第七部分 综合案例

> **问题**
>
> 根据以上材料,结合你对人类命运共同体的理解,论述坚持统筹推进国内法治和涉外法治的意义和措施。(35分)

**答题要求:**

1. 无观点或论述、照搬材料原文的不得分;
2. 观点正确,表述完整、准确;
3. 总字数不得少于600字。

### 答题区

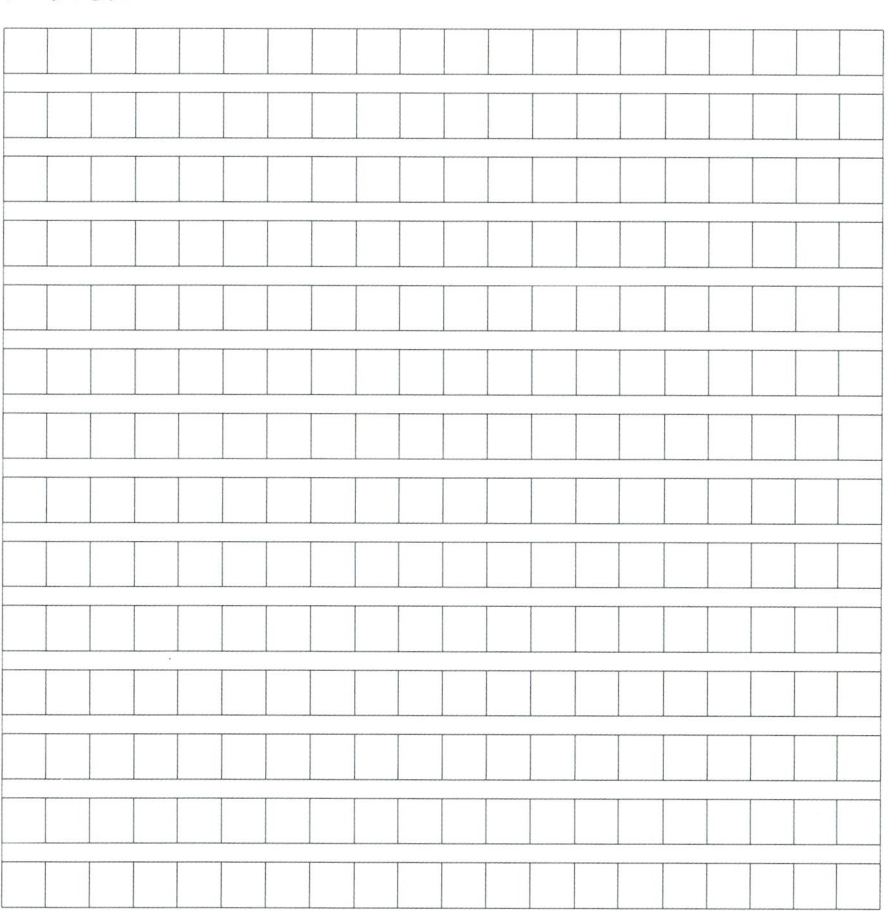

## 理论法 采分有料 2025年国家法律职业资格考试 主观题

600字

### 范文及评分

| 评分标准 | 范　　文 |
|---|---|
| 辅论题部分<br>（10分） | 人类只有一个地球，各国共处一个世界。当今世界，政治多极化、经济全球化和信息技术的普遍 |

续表

| 评分标准 | 范　　文 |
|---|---|
| 辅论题部分（10分） | 发展，导致各国间的联系和依存日益加深，但也面临诸多共同挑战。粮食安全、资源短缺、气候变化、环境污染、疾病流行、跨国犯罪等问题层出不穷，对国际秩序和人类生存都构成了严峻挑战。不论人们是否愿意，实际上都已经处在一个命运共同体中。（面对的问题：5分）因此，必须倡导人类命运共同体意识，倡导各国继承和弘扬《联合国宪章》的宗旨和原则，相互尊重、平等相待、合作共赢、共同发展，以合作促和平、以合作促发展、以合作促安全，努力构建以合作共赢为核心的新型国际关系，构建人类命运共同体，共创和平、安宁、繁荣、开放、美丽的世界。（应当采取的措施和效果：5分） |
| 主论题部分（25分） 意义（7分） | 　　当今世界正经历百年未有之大变局，国际社会经济发展和地缘政治安全发生深刻变化。（国际背景：2分）同时，随着我国经济实力和综合国力快速增长，对外开放全方位深化，维护我国国家利益和公民、法人境外合法权益的任务日益繁重。（国内背景：2分）因此，统筹推进国内法治和涉外法治，协调推进国内治理和国际治理，是全面依法治国的必然要求，是建立以国内大循环为主体、国内国际双循环相互促进的新发展格局的客观需要，是维护国家主权、安全、发展利益的迫切需要。（意义论述：3分） |
| 主论题部分（25分） 措施（18分） | 　　第一，加快涉外法治工作战略布局。（小标题：2分）习近平总书记指出："要加快涉外法治工作战略布局，协调推进国内治理和国际治理，更好维护国家主权、安全、发展利益。"要加快形成系统完备的涉外法律法规体系，提升涉外执法司法效能。 |

续表

| 评分标准 | | 范文 |
|---|---|---|
| 主论题部分<br>（25分） | 措施<br>（18分） | 要引导企业、公民在"走出去"过程中更加自觉遵守当地法律法规和风俗习惯。要加强反制裁、反干涉和反制"长臂管辖"的理论研究和制度建设。要加大涉外法治人才培养力度，为我国参与国际治理提供有力人才支撑。（相关措施：4分）<br><br>第二，加强对外法治交流合作。（小标题：2分）通过统筹推进国内法治和涉外法治，加强与各国在法治领域的交流合作，有利于实现共赢共享。引导国际社会共同塑造更加公正合理的国际新秩序，推动构建人类命运共同体。积极参与执法安全国际合作，共同打击暴力恐怖势力、民族分裂势力、宗教极端势力和贩毒走私、跨国有组织犯罪。坚持深化司法领域国际合作。完善我国司法协助体制，扩大国际司法协助覆盖面。加强反腐败国际合作，加大海外追赃追逃、遣返引渡力度。（相关措施：4分）<br><br>第三，为构建人类命运共同体提供法治保障。（小标题：2分）构建人类命运共同体，需要有与其内含意旨相符合的调整国际社会关系的法律规则。要旗帜鲜明地坚定维护以联合国为核心的国际体系，坚定维护以《联合国宪章》宗旨和原则为基础的国际法基本原则和国际关系基本准则，坚定维护以国际法为基础的国际秩序。要主动参与并努力引领国际规则制定，对不公正不合理、不符合国际格局演变大势的国际规则、国际机制提出中国的改革方案。（相关措施：4分） |

# 案例3 人民代表大会制度

**材料一：** 我们要实现好、维护好、发展好最广大人民根本利益，紧紧抓住人民最关心最直接最现实的利益问题，坚持尽力而为、量力而行，深入群众、深入基层，采取更多惠民生、暖民心举措，着力解决好人民群众急难愁盼问题，健全基本公共服务体系，提高公共服务水平，增强均衡性和可及性，扎实推进共同富裕。

——摘自习近平：《高举中国特色社会主义伟大旗帜　为全面建设社会主义现代化国家而团结奋斗——在中国共产党第二十次全国代表大会上的报告》

**材料二：** 人民代表大会制度是中国共产党领导中国人民艰辛探索长期奋斗的成果，是从中国土壤中生长起来的全新政治制度，是人类政治制度史上的伟大创造。从新民主主义革命时期探索并提出人民代表大会制度的基本构想，到社会主义革命和建设时期建立并实行人民代表大会制度，到改革开放和社会主义现代化建设新时期不断巩固和完善人民代表大会制度，到中国特色社会主义新时代推动人民代表大会制度更加成熟、更加定型，人民代表大会制度走过了不平凡的历程，已经牢牢扎根中国大地，深深融入中国特色社会主义伟大实践。

——摘自习近平：《在庆祝全国人民代表大会成立70周年大会上的讲话》（2024年9月14日）

**材料三：** 坚持人人尽责、人人享有，坚守底线、突出重点、完善制度、引导预期，完善公共服务体系，保障群众基本生活，不断满足人民日益增长的美好生活需要，不断促进社会公平正义，形成有效的社会治理、良好的社会秩序，使人民获得感、幸福感、安全感更加充实、更有保障、更可持续。

——摘自习近平:《决胜全面建成小康社会 夺取新时代中国特色社会主义伟大胜利——在中国共产党第十九次全国代表大会上的报告》

**问题**

根据以上材料,结合你对人民主体地位的理解,试论述在全面依法治国的过程中,坚持和完善人民代表大会制度的意义和措施。(35分)

**答题要求:**

1. 无观点或论述、照搬材料原文的不得分;

2. 观点正确,表述完整、准确;

3. 总字数不得少于600字。

**答题区**

# 理论法  2025年国家法律职业资格考试 主观题

### 范文及评分

| 评分标准 | 范　　　　文 |
| --- | --- |
| 辅论题的论述<br>（6分） | 　　人民群众是我们党的力量源泉，人民立场是中国共产党的根本政治立场。（定性：2分）习近平总书记指出："江山就是人民，人民就是江山，打江山、守江山，守的是人民的心。"（领袖语录：2分）推进全面依法治国，必须坚持人民主体地位，坚持法治为了人民、依靠人民、造福人民、保护人民，以保障人民根本权益为出发点和落脚点，把体现人民利益、反映人民愿望、维护人民权益、增进人民福祉落实到全面依法治国各领域全过程，使法律及其实施充分体现人民意志，维护社会公平正义，促进共同富裕。（具体展开：2分） |
| 主论题的论述<br>（29分） | 　　坚持和完善人民代表大会制度具有重大的理论和实践意义。（小标题：1分）人民代表大会制度是我国的根本政治制度，是坚持党的领导、人民当家作主、依法治国有机统一的根本政治制度安排，是实现党的领导和执政的制度载体和依托，是人民当家作主的根本途径和实现形式。（定性：2分）习近平总书记强调："人民代表大会制度是我们党领导人民在人类政治制度史上的伟大创造。"（领袖语录：2分）在全面依法治国的过程中，必须坚持政治制度自信，坚持和完善人民代表大会制度。<br>　　第一，充分发挥人大保证全面有效实施宪法法律的重要作用。（小标题：2分）全面贯彻实施宪法法律是各级人大及其常委会的重要职责。（定性：1分）在我国，任何组织和个人都必须尊重宪法法律权威，都必须在宪法法律范围内活动，都必须依照宪法法律行使权力或权利、履行职责或义务，都不得有超越宪法法律的特权。新时代新征程，各级人大及其常委会要充分发挥职责作用，坚决维护国家法制统一、尊严、权威，确保宪法法律得到有效实施，确保各国家机关都在宪法法律范围内履行职责、开展 |

续表

| 评分标准 | 范　　文 |
| --- | --- |
| 主论题的论述<br>（29分） | 工作。（具体展开：3分）<br>　　第二，充分发挥人大在立法工作中的主导作用。（小标题：2分）推进科学立法、民主立法、依法立法，必须坚持和完善党委领导、人大主导、政府依托、各方参与的立法工作格局。（宏观：1分）新时代新征程，全国人大及其常委会和有立法权的地方人大及其常委会要充分履行立法职责，科学编制立法规划，健全牵头起草重要法律法规草案机制，统筹立改废释纂，加强重点领域、新兴领域、涉外领域立法，提高立法质量，不断完善中国特色社会主义法律体系。（具体展开：3分）<br>　　第三，充分发挥人大监督在党和国家监督体系中的重要作用。（小标题：2分）权力如果不受制约，就必然导致腐败。（套话：1分）各级人大及其常委会要担负起宪法法律赋予的监督职责，健全人大对"一府一委两院"监督制度，加强对宪法法律实施情况的监督，确保各国家机关依法行使权力，确保人民群众合法权益得到维护和实现。各级行政机关、监察机关、审判机关、检察机关要自觉接受人大监督，切实履行好各自监督职责，用制度管住权力。（具体展开：3分）<br>　　第四，充分发挥人大在密切同人民群众联系中的带头作用。（小标题：2分）一切国家机关和国家工作人员必须牢固树立人民公仆意识，把人民放在心中最高位置，倾听人民群众意见和建议，保持同人民群众的密切联系。人大代表肩负人民赋予的光荣职责，要站稳政治立场，忠实代表人民利益和意志，依法参加行使国家权力，当好党和国家联系人民群众的桥梁。各国家机关要支持和保障人大代表依法履职，健全联系代表的制度机制，丰富人大代表联系人民群众的内容和形式。（具体展开：4分） |

声　明　1. 版权所有，侵权必究。

　　　　2. 如有缺页、倒装问题，由出版社负责退换。

图书在版编目（CIP）数据

主观题采分有料. 理论法 / 白斌编著. -- 北京：中国政法大学出版社，2025. 8. -- ISBN 978-7-5764-2161-3

Ⅰ. D920.4

中国国家版本馆CIP数据核字第2025T1X372号

| 出 版 者 | 中国政法大学出版社 |
| --- | --- |
| 地　　址 | 北京市海淀区西土城路25号 |
| 邮寄地址 | 北京100088 信箱8034分箱　邮编100088 |
| 网　　址 | http://www.cuplpress.com（网络实名：中国政法大学出版社） |
| 电　　话 | 010-58908285(总编室) 58908433（编辑部）58908334(邮购部) |
| 承　　印 | 河北翔驰润达印务有限公司 |
| 开　　本 | 787mm×1092mm　1/16 |
| 印　　张 | 7.75 |
| 字　　数 | 195千字 |
| 版　　次 | 2025年8月第1版 |
| 印　　次 | 2025年8月第1次印刷 |
| 定　　价 | 51.00元 |

# 厚大法考（西安）2025年主观题面授教学计划

| 班次名称 | | 授课时间 | 标准学费（元） | 阶段优惠(元) | | 配套资料 |
|---|---|---|---|---|---|---|
| | | | | 5.10 前 | 7.10 前 | |
| 大成系列 | 主观集训 A 班 | 7.10~10.8 | 13800 | 协议班次，无优惠。一对一批改服务、班班督学。2025年主观题考试未通过，退9000元。 | | 配备本班次配套图书及随堂内部资料 |
| | 主观集训 B 班 | 7.10~10.8 | 13800 | 8880 | 9380 | |
| 冲刺系列 | 主观接力 A 班 | 9.25~10.8 | 11800 | 一对一精批讲解，班班督学、班级群打卡、魔鬼训练。2025年主观题考试未通过，退8000元。 | | |
| | 主观接力 B 班 | 9.25~10.8 | 10800 | 6880 | 7380 | |

各阶段优惠政策：
1. 2人（含）以上团报，每人优惠200元；3人（含）以上团报，每人优惠300元。
2. 厚大面授老学员在阶段优惠基础上再享9折优惠，不再享受其他优惠。
3. 协议班次、VIP 班次不适用以上优惠政策。

PS：课程时间根据2025年司法部公布的主观题考试时间相应调整。

【西安分校地址】陕西省西安市雁塔区长安南路449号丽融大厦1802室（西北政法大学北校区对面）
　　　　　　　联系方式：18691857706 李老师

# 厚大法考（南京、杭州）2025年主观题面授教学计划

| 班次名称 | | 授课时间 | 标准学费（元） | 阶段优惠(元) | | 配套资料 |
|---|---|---|---|---|---|---|
| | | | | 5.10 前 | 7.10 前 | |
| 冲刺系列 | 主观决胜 VIP 班 | 9.21~10.8 | 13800 | 协议班次，无优惠。随报随学，专属辅导，一对一批阅。2025年主观题考试未通过，退10000元。 | | 配备本班次配套图书及随堂内部资料 |
| | 主观决胜班 | 9.21~10.8 | 13800 | 6800 | 7300 | |
| | 国庆密训营 | 9.30~10.8 | 16800 | 协议班次，无优惠。限额招生，额满为止。2025年主观题考试未通过，全额退费。 | | |
| | 主观点睛冲刺班 | 9.30~10.8 | 6800 | 4080 | 4380 | |

各阶段优惠政策：
1. 多人报名可在优惠价格基础上再享团报优惠（协议班次除外）：3人（含）以上报名，每人优惠200元；5人（含）以上报名，每人优惠300元；8人（含）以上报名，每人优惠500元。
2. 厚大面授老学员报名再享9折优惠（协议班次除外）。

PS：课程时间根据2025年司法部公布的主观题考试时间相应调整。

【南京分校地址】江苏省南京市江宁区宏运大道1890号厚大法考南京教学基地　　咨询热线：025-84721211
【杭州分校地址】浙江省杭州市钱塘区二号大街515号智慧谷2幢1009室（厚大教育）　　咨询热线：0571-28187005

厚大法考APP　　厚大法考官博　　西安厚大法考官微　　西安厚大法考官博　　南京厚大法考官博　　杭州厚大法考官博

# 厚大法考（成都）2025 年主观题面授教学计划

| 班次名称 | | 授课时间 | 标准学费（元） | 阶段优惠(元) | | 配套资料 |
|---|---|---|---|---|---|---|
| | | | | 5.10 前 | 7.10 前 | |
| 大成系列 | 主观集训班 | 7.9~10.8 | 28800 | 19800 ①一对一精批讲解；②班主任一对一督学。 | 20800 | 本班配套图书+课堂内部讲义 |
| | 主观特训班 | 8.15~10.8 | 22800 | 16800 ①一对一精批讲解；②班主任一对一督学。 | 17800 | |
| | 主观短训班 | 9.1~10.8 | 18800 | 11800 | 12800 | |
| 冲刺系列 | 首战告捷班 | 9.15~10.8 | 17800 | 9800 | 10800 | 课堂内部讲义 |
| | 首战告捷 VIP 班 | 9.15~10.8 | 17800 | ①协议班次，无优惠，订立合同；②一对一批阅；③若 2025 年主观题考试未通过，退 10000 元。 | | |
| | 主观接力班 | 9.20~10.8 | 13800 | 6800 | 7800 | |
| | 主观接力 VIP 班 | 9.20~10.8 | 13800 | ①协议班次，无优惠；②一对一批阅，订立合同。 | | |
| | 主观点睛冲刺班 | 10.1~10.8 | 6800 | 4080 | 4580 | |

**各阶段优惠政策：**①多人报名可在优惠价格基础上再享团报优惠（协议班次除外）：3 人（含）以上报名，每人优惠 200 元；5 人（含）以上报名，每人优惠 300 元；8 人（含）以上报名，每人优惠 500 元。②厚大面授老学员报名再享 9 折优惠（协议班次除外）。

【成都分校地址】四川省成都市成华区锦绣大道5547号梦魔方广场1栋1318室　咨询热线：028-83533213

# 厚大法考（郑州）2025 年二战主观题教学计划

| 班次名称 | | 授课时间 | 标准学费（元） | 授课方式 | 阶段优惠(元) | | 配套资料 |
|---|---|---|---|---|---|---|---|
| | | | | | 5.10 前 | 7.10 前 | |
| 大成系列 | 主观培优 A 班 | 6.10~10.8 | 16800 | 视频+面授 | 协议班次，无优惠。一对一批改服务，班班督学。2025 年主观题考试未通过，退 10000 元。 | | 配备本班次配套图书及随堂内部资料 |
| | 主观培优 B 班 | 6.10~10.8 | 16800 | 视频+面授 | 10800 | 11300 | |
| | 主观集训 A 班 | 7.9~10.8 | 14800 | 视频+面授 | 协议班次，无优惠。一对一批改服务，班班督学。2025 年主观题考试未通过，退 9000 元。 | | |
| | 主观集训 B 班 | 7.9~10.8 | 14800 | 视频+面授 | 9800 | 10300 | |
| 冲刺系列 | 主观特训班 | 8.20~10.8 | 11800 | 视频+面授 | 7800 | 8300 | |
| | 主观接力 VIP 班 | 9.20~10.8 | 13800 | 面授 | 一对一精批讲解、班班督学、班级群打卡、魔鬼训练。2025 年主观题考试未通过，退 10000 元。 | | |
| | 主观接力班 | 9.20~10.8 | 10800 | 面授 | 6800 | 7300 | |

**各阶段优惠政策：**①2 人（含）以上团报，每人优惠 200 元；3 人（含）以上团报，每人优惠 300 元。②厚大老学员在阶段优惠基础上打 9 折，不再适用团报优惠政策。③协议班次、VIP 班次无优惠，不适用以上政策。

【郑州分校地址】河南省郑州市龙湖镇（南大学城）泰山路与107国道交叉口向东50米路南厚大教学
咨询电话：李老师 19939507026

厚大法考 APP　　厚大法考官微　　厚大法考官博　　成都厚大法考官微　　QQ 群：712764709　　郑州厚大官博　　郑州厚大官微

PS：课程时间根据 2025 年司法部公布的主观题考试时间相应调整。